Literatura, ideología y política

J. M. Castellet

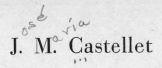

Literatura, ideología y política

EDITORIAL ANAGRAMA

BARCELONA

Maqueta de la colección:
Argente y Mumbrú

Portada:
Julio Vivas

© EDITORIAL ANAGRAMA
Calle de la Cruz, 44
Barcelona - 17

ISBN 84 - 339 - 0041 - 2
Depósito Legal: B. 20439 - 1976

Printed in Spain

Gráficas Diamante, Zamora 83, Barcelona - 5

PROLOGO

Reúno en este volumen una serie de ensayos y artículos sobre aspectos ideológicos o políticos de algunos escritores contemporáneos. La mayor parte de estos trabajos, publicados entre 1967 y 1975, fueron recogidos en la primera edición de mi libro *Qüestions de literatura, política i societat* (Edicions 62, Barcelona 1975), que comprendía, además, una serie de textos de crítica literaria sobre autores catalanes, cuya edición en castellano reservo para un próximo volumen. A ellos he añadido un estudio inédito sobre Josep Pla, artículos anteriores y posteriores a la aparición del libro y un trabajo que se publicó en Méjico y Venezuela, en 1968, porque no pudo publicarse en la España de 1967.

Con *Literatura, ideología y política* he querido dar algunas muestras de mis inquietudes o preocupaciones en un terreno tan impreciso como el que define el título del presente volumen. Escritos en distintos períodos y alternados con trabajos más estrictos de crítica literaria, los ensayos y artículos que componen este libro pueden ayudar a completar la imagen de una obra que nunca ha querido apartarse de la más estricta contemporaneidad ni de las implicaciones sociológicas, ideológicas y políticas de la literatura de nuestro tiempo.

Este volumen no es más que una selección de otros muchos trabajos redactados sobre estos temas a lo largo de los últimos diez años. Me ha parecido que otros escritos, publicados al filo de algunos acontecimientos cotidianos, no han resistido el paso del tiempo. Quizás tampoco éstos lo resistirán. En todo caso soy el único responsable de una selección determinada, en parte, por la voluntad de dejar testimonio de un quehacer que se ha producido en unas circunstancias históricas muy peculiares, definidas por la existencia de una censura implacable y por la ausencia de un debate intelectual libre y dialéctico. La pobreza de las culturas hispánicas actuales se debe, en buena parte, a estos dos hechos, irreversibles ya, a los que tendrán que referirse constantemente los historiadores del pensamiento durante la etapa franquista.

La estructura de este volumen es, voluntariamente, muy sencilla. El cuerpo central lo constituyen ensayos y artículos sobre algunos autores predominantemente extranjeros —una forma indirecta de contrastar el estadio que los separa de los autores hispánicos o, si se quiere, una forma de divulgar planteamientos y preocupaciones muy alejados de los nuestros—. El lector no dejará de advertir preferencias hacia algunos de los que considero mis maestros o hacia algunos escritores que han influido decisivamente sobre mi obra: Sartre, Lukács, Goldmann, Vittorini... También observará una tentativa de clarificación y comprensión hacia autores de ideología conservadora, muy alejada de mis intereses: Solzhenitsyn y Pla. En este último caso, me ha interesado desmarcarme de la crítica simplificadora que

juzga a los autores más por sus ideas políticas que
por sus obras. A su manera, Solzhenitsyn y Pla —políticamente antipáticos hasta la exasperación— dan
testimonio de una realidad del mundo actual que no
puede ni debe desconocerse. Por lo demás, esta parte
central del libro no podía dejar de dar unas muestras de un tipo de trabajos a los que he sido asiduo:
me refiero a la denuncia de la opresión política sobre la cultura —artículo sobre Machado— o a la conjunción de crítica literaria y tratamiento ideológico
de una obra —ensayo sobre un libro de Goytisolo.

Finalmente, en el apéndice, al margen de los trabajos sobre autores, doy muestras de escritos que me
son habituales. Por una parte, artículos panorámicos
sobre la situación literaria española en un momento dado: «Tiempo de destrucción...» y «Para una
crítica de la crítica». Por otra, notas teóricas que
han acompañado siempre a mis escritos y que vienen a ser como una reflexión en un momento dado,
previo, simultáneo o posterior a la realización de
mis libros: es el caso de la ponencia sobre crítica
sociológica y sociología de la literatura.

En un momento dediqué algunos de estos trabajos a algunos amigos que me sugirieron los temas
de los mismos: ya quedó constancia de ello en la
edición original. Ahora, quiero agradecer a Michi
Strausfeld la idea inicial de esta antología, así como
al editor, Jordi Herralde, su insistencia para su re-
copilación.

Barcelona, abril de 1796

REFERENCIAS

«Sartre y los intelectuales» fue publicado, en catalán, en «Els Marges» (núm. 3, enero de 1975); «Recuerdo de Elio Vittorini y Lucien Goldmann: la creación literaria en la sociedad industrial» y «Solzhenitsyn en el Archipiélago» aparecieron por primera vez en mi libro *Qüestions de literatura, política i societat* (Edicions 62, Barcelona 1975); «Evtusenko, un nieto de la revolución», con el título «Estudi sobre Ievtuixenko», es el epílogo a la edición catalana de la *Autobiographie précoce* del autor (*Autobiografia precoç*, Edició de Materials, Barcelona 1967); «Lukács y la literatura» es el prólogo a la edición catalana de *Goethe és kora* (*Goethe i la seva època*. Edicions 62, Barcelona 1967); «Juan Goytisolo contra la España sagrada» es la versión castellana del prólogo a la edición francesa de *Reivindicación del conde don Julián* (*Don Julián*. Gallimard, París, 1971); «Ideología de Josep Pla» es inédito y forma parte de un estudio sobre el autor, en preparación; «No hay amnistía para Antonio Machado» fue publicado en «Destino» (núm. 1975, 5-13 de agosto de 1975); «Vida y muerte de Antonio Machado en los Países catalanes» se publicó en «Cuadernos para el Diálogo» (Extra XLIX, noviembre de 1975) y había sido mi contribución al Homenaje a A. M. celebrado en París, en la UNESCO,

9

en junio de 1975; «Tiempo de destrucción para la literatura española» fue publicado en «Siempre» (México, 29 de mayo de 1968); «Guión para una configuración histórica de la crítica sociológica» es el texto de una ponencia presentada en el Seminario sobre «Crítica sociológica y sociología de la literatura», celebrado en la Universidad de Zaragoza en marzo de 1971; y, finalmente, «Para una crítica de la crítica» se publicó en «Cuadernos para el Diálogo» (Extra XLII, agosto de 1974).

SARTRE Y LOS INTELECTUALES

1

Una de las lecturas más estimulantes de los últimos tiempos habrá sido, sin duda, *On a raison de se révolter* (Gallimard, 1974), libro curiosamente silenciado por la prensa francesa, de derechas o de izquierdas, *et pour cause!* En él se recogen las conversaciones mantenidas —desde noviembre de 1972 hasta marzo de 1974— entre Jean-Paul Sartre (68 años), Pierre Victor (28 años, dirigente del movimiento «mao») y Philippe Gavi (33 años, periodista de «Libération»). Al hilo de los acontecimientos franceses e internacionales, y tomando como punto de partida la evolución de Sartre —que sirve de pretexto para repasar la política francesa desde el Frente Popular (1936) hasta ahora—, tres hombres de diversa edad y formación intelectual hablan de varios temas políticos de los últimos años, o de hoy mismo: del Partido comunista, de mayo del 68, de la contestación y de la represión, de Checoslovaquia, de Chile, de la guerra árabe-israelita, de la huelga de la LIP, de las elecciones presidenciales y el sentido del voto, de los «maos» y los intelectuales, etcétera.

Si el libro es estimulante, ello no sólo se debe

11

a la actualidad de los temas; lo es, sobre todo, por la actitud de los coloquiantes: abierta, flexible, libre. Pese a los prejuicios —sobre todo *de* y *hacia* Pierre Victor, militante de extrema izquierda—, a lo largo del coloquio las actitudes se desarrollan en el respeto mutuo y en la libertad de expresión de cada cual y, al mismo tiempo, las posiciones se matizan, evolucionan, cambian. Ninguno de ellos, al acabar el coloquio, será el mismo que al comenzarlo. Cada uno habrá sacado unas consecuencias determinadas que, además de haberlos aproximado, los habrá modificado, enriqueciéndolos con la experiencia de los otros y, sobre todo, con el mismo proceso dialéctico del coloquio. Será preciso averiguar, por tanto, cómo se ha desarrollado el diálogo y por que ha sido fecundo. Los tres, en el prólogo y en el epílogo del libro, lo intentan, para llegar a la conclusión de que la experiencia se ha visto dominada por dos factores determinantes: el tiempo y la libertad, y que, ambos, en política, se condicionan y están estrechamente ligados.

¿Por qué el tiempo? Lo que a Sartre le parece más importante es que el coloquio se haya desarrollado de la misma manera que cualquier tertulia política o filosófica, donde el diálogo toma poco a poco una forma temporal, a través de los días, y no como cuando un escritor anula el tiempo para escribir un libro con prólogo y conclusiones, de golpe, aunque pase muchos meses redactándolo: «El tiempo cuenta enormemente en este libro, el tiempo en que lo comenzamos, otoño del 72, el tiempo en que lo acabamos: mientras tanto, Chile ha sido víctima de un golpe de estado; mientras tanto ha sucedido lo de la LIP y también otras muchas cosas, la guerra del Oriente Medio, etc., y todo ello nos ha influido —*no porque hablemos continuamente, pero*

12

sentimos que estamos influidos...» El tiempo, por tanto, pesa sobre el pensamiento político porque cada acontecimiento importante que afecta al mundo —y hoy, gracias a los medios de comunicación y a la estrecha interdependencia de los hechos políticos a escala mundial, no sólo no podemos ignorarlos, sino que no podemos ignorar que a todos nos afectan— influye sobre la práctica política posterior.

¿POR QUÉ LA LIBERTAD? Mientras las tensiones básicas de la política mundial se disfracen de ideología —y de unas ideologías en funcionamiento desde hace más de cincuenta (o de cien) años—, el público (el pueblo, los pueblos) continuará siendo engañado por los detentores del poder, sean éstos quienes fueren: sólo el ejercicio crítico de la libertad puede desmantelar los esquemas ideológicos —envejecidos, anticuados, irreales, idealistas— y dinamizar, en consecuencia, la práctica política. La libertad, ese concepto «abstracto», se ha convertido hoy en un factor político que puede desencadenar —junto con la lucha de clases— un proceso «concreto» de desalienación que se integra en la lucha denominada, precisamente, liberadora: «En la medida en que bajo otros nombres que no son el de *libertad* estáis bastante cerca de mí, tengo la impresión de que os afectan bastante estas ideas de libertad», dice Sartre a sus interlocutores. Y responde Pierre Victor que si es así, se debe a que la libertad es, actualmente, un hecho de masas. A lo cual agrega Philippe Gavi: «...a los cinco años de mayo del 68 (...) esta concepción de libertad, tan marginal o "idealista", comienza a concretarse políticamente. Está presente en todos los conflictos, es reapropiada por los trabajadores (...) Cada vez hay más mini-LIPs en la cabeza de la gente (...) Creo que hemos llegado a un tercer momento del movimiento revolucionario; después del movimiento religioso, después de la religión marxista, la libertad se ha convertido en una práctica cotidiana.»

No me atrevería a ir tan lejos, ni a creer que la práctica de la libertad —en Francia o en cualquier otro país— se ha hecho cotidiana. Pero sí que las tensiones sociales tienden cada vez más, en el mundo occidental al menos, a tener en cuenta este factor, vieja aspiración anarquista —no hace falta olvidarlo—. Ahora bien, si he sacado a relucir el contenido y algunas citas de *On a raison de se révolter* —además de señalar entre nosotros la existencia de un libro poco conocido, aunque de gran interés—, ha sido porque me interesaba situar a Jean-Paul Sartre en una de sus últimas actividades —la de interlocutor de jóvenes revolucionarios, tarea que ha practicado abundantemente desde el 68— y en un texto donde se habla mucho de la relación de los intelectuales con la política, y no sólo por parte del fundador de «Les Temps Modernes». Pero, ¿ha dejado Sartre, desde hace más de veinticinco años, de hablar de este tema? No, ciertamente. Lo que ocurre es que, en este debate sobre la libertad, Sartre da, finalmente, las razones de su actitud actual, coronación lógica de una serie de evoluciones que le han llevado desde un desinterés inicial por la política hasta unas actitudes radicales, pasando por sus comienzos como compañero de viaje de los comunistas, hasta romper, por último, con ellos.

De todos modos, el tema de estas páginas no es la evolución de Sartre, sino la determinación de su pensamiento sobre el papel o la función de los intelectuales, a partir de sus experiencias, antes y después de su radicalización.

2

En 1965, Sartre dio en el Japón —en Tokio y en Kioto— tres conferencias tituladas: «¿Qué es un intelectual?», «Función del intelectual» y «¿Es el escritor un intelectual?». Siete años después se publicaban en Francia, bajo el título de *Plaidoyer pour les intellectuels* (Gallimard, 1972).

Estas conferencias sintetizan muy bien el pensamiento de Sartre sobre el tema, tratado abundantemente en escritos anteriores, en especial desde la publicación, en *Situations, II* de *¿Qué es la literatura?*

Un intelectual, dice Sartre, es alguien que se mete donde no le llaman: «Originariamente, el conjunto de los intelectuales aparece como una diversidad de hombres que adquirieron alguna notoriedad por medio de trabajos relacionados con la inteligencia (ciencias exactas, ciencias aplicadas, medicina, literatura, etc.) y que *abusan* de esa notoriedad para salir dc sus dominios y criticar a la sociedad y a los poderes establecidos en nombre de una concepción global y dogmática (vaga o precisa, moralista o marxista) del hombre.»

Actualmente, prosigue Sartre, la mayor parte de los intelectuales se recluta entre los «técnicos del saber práctico», de una manera selectiva —a través de la enseñanza— y, generalmente, proceden de una clase determinada, la pequeña burguesía. Les han enseñado a ser «humanistas», desde niños, lo cual significa que les han hecho creer en la igualdad de todos los hombres, contradicción que sufren en la propia carne cuando descubren: 1. Que no todos los hombres son iguales, pues ellos mismos, en tanto que disfrutan del poder (relativo) facilitado por la ciencia, tienen más posibilidades de promoción personal en la sociedad que la mayor parte de los demás. 2. Que, desde luego, son utilizados por la clase dominante —la burguesía— para configurar y asegurar su dominio de clase. Ante esta situación, el intelectual sólo tiene dos salidas: 1. Aceptar la ideología dominante, autocensurándose y haciéndose apolítico, agnóstico, neutro, etc., con lo cual renuncia a su poder contestatario y a su condición estricta de intelectual. 2. Poner en duda la ideología que le ha formado y negarse a ser agente subalterno de la hegemonía, con lo cual se convierte en un monstruo, esto es, en un intelectual que si bien se ocupa de lo que le concierne (de los principios que guían su vida y del lugar que ocupa en la sociedad), es acusado de meterse donde no le llaman. En este sentido, la toma de conciencia del intelectual no es más que el descubrimiento de las contradicciones fundamentales de la sociedad, es decir, de los conflictos de clase: «Producto de sociedades desgarradas, el intelectual da testimonio porque ha interiorizado el desgarramiento. Es, por tanto, un producto histórico. Ninguna sociedad puede quejarse, en este sentido, de sus intelectuales sin autoacusarse, ya que no tiene más que los que ella misma ha segregado.»

Definido el intelectual en su *existencia*, hay que hablar ahora de su *función*. Pero, ¿la tiene? En todo caso, nadie le ha designado para ejercerla: la clase dominante le ignora y las clases desfavorecidas no lo pueden engendrar, ya que, como hemos dicho, se le recluta entre los «técnicos del saber práctico» o «especialistas de la verdad práctica», y estos técnicos o especialistas nacen de las opciones de la clase dominante, es decir, de la parte de plusvalía que ésta destina a producirlos. Por tanto, el intelectual se caracteriza por carecer de mandato, no habiendo recibido su estatuto de ninguna autoridad, y nadie le reconoce como uno de los suyos. Desde este punto de vista, es el más desvalido, socialmente, de los hombres. Su función, por tanto, será la de buscarse a sí mismo para intentar transformar, en totalidad armónica, el ser contradictorio en que le han convertido. Pero éste no puede ser el único objetivo, porque no puede encontrar el secreto de su existencia, ni resolver su contradicción orgánica, sin aplicar a la sociedad de la que procede, a la ideología que la domina y a sus estructuras, opciones y *praxis*, los métodos rigurosos de su especialidad de «técnico del saber práctico»: libertad de búsqueda (y contestación), rigor de la encuesta y de las pruebas, busca de la verdad, universalidad de los resultados adquiridos, etc. Esto, sin embargo, es el enfrentamiento total y no el enfrentamiento individual, en solitario, porque, si quiere llegar al fondo de la cuestión, necesitará la compañía de los otros intelectuales y, luego, la solidaridad con las clases que se levantan, también, contra la dominación que impone una ideología hegemónica. De peldaño en peldaño, es el descenso hacia la clase radicalmente adversaria de la burguesía: el proletariado.

Aquí el conflicto se agudiza, en otro sentido: el «filósofo» del siglo XVIII tenía la «suerte» de ser el intelectual orgánico de su clase. El especialista de la verdad práctica del siglo XX no puede ser, constitutivamente, el intelectual del proletariado: es imposible, no pertenece a la clase. Así, su contestación no es más que el momento *negativo* de una *praxis* que él solo es incapaz de realizar, pues no puede llegar a buen fin más que con la participación del conjunto de las clases oprimidas y explotadas, cuyo sentido positivo es la lejana formación de una sociedad de hombres libres. El intelectual, que no pertenece a esas clases, adoptará no obstante el programa político y lo rebasará, incluso, por su capacidad de generalización: en este sentido, la naturaleza de su contradicción fundamental le obliga a *comprometerse* en todos los conflictos de nuestro tiempo, porque todos son —conflictos de clase, de naciones o de razas— efectos particulares de la opresión de los desvalidos por la clase dominante, y se halla, él, el oprimido consciente de serlo, en cada uno de esos conflictos, del lado de los oprimidos.

Imposibilitados de ser los pensadores orgánicos o los teóricos de la clases trabajadoras, los intelectuales no deben actuar con resentimiento, ni en solitario. Han de asumir su condición: no pueden deshacerse del origen pequeñoburgués, pero pueden decirse —sin que esto interese a nadie más que ellos mismos—: «autocriticándome y radicalizándome constantemente, puedo rechazar paso a paso mis condicionamientos de clase».

Hechas estas consideraciones, Sartre encuentra, entonces, un trabajo, un papel, una *función* a realizar por parte de los intelectuales, que resume en seis puntos: 1. Luchar contra el renacimiento perpetuo de la ideología en las clases populares, esto es, ayudar a destruir las representaciones ideológicas que se hacen de sí mismas y de su poder (el *héroe positivo*, el *culto de la personalidad*, la *magnificación del proletariado*, por ejemplo, parecen productos de la clase obrera, pero son, en realidad, desperdicios de la ideología burguesa y, como tales, hay que destruirlos). 2. Usar del capital-saber dado por la clase dominante a fin de elevar la cultura popular, es decir, construir los fundamentos de una cultura universal. 3. En la medida de las posibilidades, ayudar a formar «técnicos del saber práctico» en las clases desvalidas. 4. Recuperar las propias finalidades (la universalidad del saber, la libertad de pensamiento, la verdad) y tratar de convertirlas en una realidad a conseguir *por todos*. 5. Radicalizar las acciones en curso, mostrando, más allá de los objetivos inmediatos, los lejanos, es decir, la universalización como finalidad histórica de las clases trabajadoras. 6. Hacerse, levantarse contra cualquier poder constituido —comprendido el poder político que se expresa a través de los partidos de masas y el aparato de la clase obrera— guardián de las finalidades históricas perseguidas por las masas.

He aquí, pues, todo un programa para los intelectuales, a través de la concepción sartriana. Regresemos, ahora, a sus últimas manifestaciones, expuestas en *On a raison de se révolter*.

3

Sartre parte de los hechos de mayo del 68 y confiesa que, como la mayoría de los franceses, en un primer momento no comprendió nada, y sólo al cabo de un año comenzó a entender algunas cosas, a partir de la propia experiencia. En efecto, pese a estar al lado de los movimientos contestatarios radicalizados —por el empuje y la verdad de su rechazo de la sociedad—, la primera cosa que le sorprendió fue que las nuevas fuerzas de izquierda no aceptaran a los intelectuales porque, según ellas, formaban parte del mismo mundo que intentaban aniquilar: incluso algunos intelectuales de izquierda, como el mismo Sartre, eran tenidos por simples *vedettes* —«figurones»—, producto del mundo burgués que aparentemente contestaban. Precisamente hablando un día en la Mutualité, cayó en la cuenta de que, para los jóvenes, lo insoportable, aparte del «vedetismo», era que les hablaba como un intelectual clásico, esto es, oponiendo lo universal a lo particular. Lo que se pedía a los intelectuales no era tanto que dejasen de serlo, como que se fundieran en las agrupaciones de masas y desde allí, cuando fuera necesario, dejasen sentir su voz para proponer acciones concretas, que habrían de realizar en conjunción con los demás.

No era más que un primer paso. En realidad, no había tenido verdadero contacto con las organizaciones y grupos de extrema izquierda, aunque de la contestación personal había extraído una enseñanza concreta: la importancia de la democracia directa.

Más adelante se produce la aproximación a los grupos maoístas. Los dos primeros directores de «La Cause du Peuple» han sido detenidos y el entonces ministro del Interior, Marcellin, da a entender que acabará con la publicación a base de eliminar a los directores. Ante esta situación, los redactores piensan en nombrar director a uno de los intelectuales «intocables». Se lo proponen a Sartre, y éste acepta. Y, entonces, se produce el mutuo conocimiento y la modificación de actitudes. Los maoístas creen que el hecho de haber recurrido a un intelectual «clásico», y su aceptación, les obliga moral y políticamente a revisar sus actitudes hacia los intelectuales: es cuando se plantean la cuestión de las «categorías intermediarias» en la sociedad. A Sartre le sorprende la «moralidad» del hecho: se trata de gentes que no creen que el fin justifique los medios. Discuten la cuestión y Sartre de nuevo se sorprende de encontrar personas para quienes «el amor a la Justicia y el odio a la Injusticia son fuerzas reales que mueven al pueblo a actuar»: se ha roto, por fin, el cinismo, el *soi disant* maquiavelismo de los viejos partidos de izquierda, con el PC en cabeza. A la vez, estos hechos obligan a Sartre a dar un paso más: dado que Marcellin no sólo encierra a los directores de «La Cause du Peuple», sino también a quienes venden los ejemplares, se pone a repartir la publicación por las calles de París.

Es aquí donde me parece que, de algún modo, Sartre se convierte en «militante». No de un partido o grupo específico: *se encuentra siendo un «militante» intelectual, en favor de la libertad de la prensa revolucionaria.* Y los militantes revolucionarios le respetan como a un compañero. Hasta ese momento, Sartre, en sus contactos con otros grupos o partidos —y especialmente con los comunistas— se había sentido simplemente instrumentalizado, esto es, utilizado —previo acuerdo casi contractual, en el mejor de los casos— precisamente en aquello que supo que debía combatir en sí mismo, el «vedetismo», la «figuronización». De repente, sin embargo, cac cn la cuenta de que hay otra salida para los intelectuales, y que todo depende de otra clase de acuerdo, el del respeto mutuo, el de la libre discusión, el del pacto moral e, incluso, el de la amistad del compañerismo. Esto quiere decir la posibilidad de una nueva forma de relación entre intelectuales y grupos o partidos políticos, hasta ahora marcada sobre todo por los procedimientos del Partido comunista: «Las alianzas se establecen a causa de los acontecimientos, y no simplemente por simpatía. El peligro en que se hallaba "La Cause du Peuple" fue el motivo de que yo existiera para ellos (...) Trabajamos juntos y, poco a poco, me radicalicé, en el sentido de que el trabajo con ellos me obligaba —sin que me hubieran presionado— a contestarme como intelectual (...) El PC me quitó mi neurosis de escritor. Ahora bien, con los maoístas, era preciso ir más lejos y contestar al intelectual, esto es, ver en él no un hombre especialmente dotado por la naturaleza, sino un beneficiario y una víctima, a la vez, de la división del trabajo.»

Todo es incertidumbre sobre los intelectuales del futuro. Existe la propuesta —que Sartre admite como posibilidad— de que los intelectuales posean un oficio manual y dispongan de tiempo para la labor cultural, de una manera equilibrada: su existencia es posible, siempre que la tarea intelectual sea realmente valorada y respetada por los políticos. Mientras tanto, sin embargo, éstos deberán contentarse con los intelectuales «clásicos» de buena voluntad, que estén verdaderamente de su lado. Entre una realidad existente y una figura aún no dibujada con precisión, el realismo más elemental aconseja pactar y discutir *lealmente* con los primeros. Por otra parte, Sartre está convencido de que la filosofía seguirá teniendo un sentido en las sociedades socialistas: aportar un cierto modo de concebir al hombre en el mundo, apoyándose en la clase obrera en el poder. Esto ha sido impedido en la Unión Soviética, donde se ha sustituido la dialéctica por el determinismo, pero es posible en China, porque el método de Mao no se basa en el determinismo respecto a las relaciones interhumanas. Volviendo al tema de la libertad con que acabábamos el apartado primero, Sartre pregunta a Pierre Victor: «Si crees en el determinismo, no tienes medio alguno de explicar las corrientes antijerárquicas y libertarias que hemos constatado en algunos sectores de la población francesa. Si eres determinista, ¿por qué vas a reclamar la libertad?»

4

A los seis puntos que definían la función posible del intelectual, según la concepción de Sartre, enumerados en el apartado 2, sería preciso añadir, ahora, una conclusión, a la vista de la última experiencia sartriana, prolongada en la posterior aceptación del cargo de director del diario «Libération». Más o menos, sería ésta: hay una militancia posible del intelectual que no se halla exactamente dentro de un partido, aunque sí en la participación activa en los movimientos que aceptan, como motor de la lucha liberadora del proletariado, la práctica de la libertad, hoy manifestada ya en acciones reivindicativas concretas por los grupos más dinámicos de la vanguardia revolucionaria. Porque no hay rebelión sin una libertad oprimida, explotada o alienada. Precisamente por eso, también, *on a raison de se révolter.*

1974

RECUERDO DE ELIO VITTORINI
Y DE LUCIEN GOLDMANN:
LA CREACION LITERARIA
EN LA SOCIEDAD INDUSTRIAL

1. Recordé hace unos años, con motivo de su
muerte, la figura nerviosa y reservada, apasionada
y contenida, de Elio Vittorini, a quien conocí en
Formentor hacia principios de los sesenta y a quien
vi repetidamente, más tarde, con motivo del Prix
International de Littérature y, finalmente, en la casa
de campo de los Einaudi, cerca de las Langhe de
Pavese, en un coloquio privado de críticos literarios. Al acabar el coloquio me llevó de regreso a
Milán en coche, un Giulietta T, por la autopista de
Génova, a más de ciento setenta por hora, pálido el
rostro y crispado el cuerpo, portador ya del cáncer
que le mató a los pocos meses. De Vittorini aprendí
viva voce muchas cosas sobre literatura, bastantes
años después de haber leído sus novelas. Quizás, sin
embargo, lo que más me impresionó de él fue la
pasión por la literatura, el afán por descubrir valores jóvenes, la búsqueda obsesiva de lo «nuevo».

En los últimos años de su vida fundó y dirigió,
junto con Italo Calvino, una revista literaria de extra-
ordinaria calidad, poco conocida entre nosotros,
cuya existencia fue efímera: se publicaron diez nú-

meros, a un ritmo de uno o dos al año, que puntualmente me enviaba. Se titulaba «Il Menabò» y, en el número 4, Vittorini abrió un debate sobre «Industria y literatura».

Vittorini estaba preocupado, en los últimos tiempos, por la búsqueda de la definición de un lenguaje literario que correspondiera a la «novedad» de la época, la del *boom* industrial de la posguerra. Elio Vittorini era siciliano y en sus primeras novelas —las que le consagraron como escritor— había hablado, todavía, del mundo y del paisaje de la infancia. Emigrado —como tantos otros coterráneos suyos— a Trieste, primero, y a Milán, después, Vittorini vivió la explosión industrial de la Italia posfascista y, en cierta manera, había quedado fascinado por ella. Para él y para muchos italianos aquél era un mundo «nuevo» que debía trasladarse a la literatura, pese a reconocer que el «tema» no era literariamente nuevo, pues había que remontarse a Zola o a Frank Norris —son ejemplos suyos— para hallar las raíces de las primeras novelas de tema industrial. Pero no se trataba del tema, sino de la traducción literaria de una sensibilidad nueva, en la cual los objetos, las palabras, y los gestos de la era industrial lograran la misma «naturalidad», la plena potencialidad representativa que, a lo largo de los siglos, habían tenido —en la literatura tradicional— un árbol, un guijarro o el gesto de lanzarlo: «El mundo industrial, que ha sustituido por la mano del hombre al de la naturaleza, es un mundo que todavía no poseemos (...) No hay nada en la literatura de hoy que contenga una instancia similar (a la del mundo de la naturaleza) en relación con el mundo en que vivimos.» Para él, sin embargo, no son las novelas de tema industrial las que traducen la nueva sensibilidad, sino más bien, por ejemplo, las de la *école du regard*, cuyo contenido parece ignorar la existencia de fábricas, técnicos y obreros, pero que están mucho más próximas al universo industrial, por la nueva relación con la realidad que se configura en su lenguaje y en la presencia de objetos, de *gadgets* —productos industriales— que cobran una existencia autónoma, de ruptura con el mundo de la naturaleza.

Lo cierto es que nuestra relación con la realidad es todavía rústica, agraria, o, como dice Vittorini, «pastoral-campesina» o «agrícola-artesanal-mercantil», a causa del indudable peso de la tradición clásica —desde la Biblia hasta los autores del XIX—, de la tradición familiar o, simplemente, de la realidad biológica del cuerpo humano. Desde luego, no se trata de negar nuestra esencia biológica, ni de ignorar el peso profundo que todavía tiene la Naturaleza sobre nuestro mundo y, mucho menos, de afirmar la superioridad de un modo de vida sobre el otro. De lo que se trata, en todo caso, es de intentar vivir con plenitud y conciencia nuestro tiempo y, evitando las asechanzas y alienaciones que nos propone, huir de la complacencia alienante, también, de un pasado desvanecido.

La literatura de la era industrial no deberá tratar, necesariamente, del mundo de las fábricas, porque es un mundo cerrado sobre sí mismo, una prisión monocorde, pero la verdad «industrial» rebasa ese mundo y se expande a través de la cadena de efectos que el mundo de las fábricas pone en movimiento: «Y el escritor, tanto si trata de la vida de fábrica como si no, sólo se situará a nivel industrial en la medida en que su mirada y su juicio estén compenetrados con esta verdad y con las instancias (instancia de apropiación, instancia de transformación ulterior) que contiene.»

El debate iniciado por Vittorini no se cerró en la misma revista, porque, por naturaleza, era un debate abierto, que hoy todavía continúa. Según decía Italo Calvino en el número 5 de «Il Menabò», la literatura, como la filosofía y el arte, aún no se han recuperado del trauma de la revolución industrial: «Después de haber necesitado siglos para que el hombre estableciera las relaciones consigo mismo, con las cosas, los lugares y el tiempo, he aquí que todas cambian: ya no hay "cosas", sino mercaderías, productos en serie; los coches ocupan el lugar de los animales, la ciudad es un dormitorio anexo a la oficina; el tiempo es horario, el hombre, un engranaje; sólo las clases tienen una historia; una zona de la vida no figura como vida verdadera, porque es anónima y está coaccionada y, al fin, nos damos cuenta de que comprende el noventa y cinco por ciento de la vida (...) La cultura, en esta situación tan compleja y cambiante, se extiende sobre tantos planos que la crítica historicista, lineal y simplificadora, no da abasto y ha de pedir ayuda a los instrumentos de investigación estratigráficos y microscópicos del etnógrafo y del sociólogo.»

Sin embargo, de no haberle sorprendido tan pronto la muerte, Vittorini nos habría dado, ciertamente, más textos de meditación teórica sobre la búsqueda del verdadero lenguaje literario de nuestro tiempo, principal ocupación de los últimos años de su vida. En una intervención en el Prix International de Littérature, nos dijo que «los nombres —no las palabras— de que disponemos son viejos, una vieja herencia de nombres que ya no corresponden a las cosas nuevas (a las nuevas relaciones) entre las que vivimos. Estamos, en efecto, tan aplastados por el peso de la herencia de estos viejos nombres (estos mitos), que nos arriesgamos constantemente a no

27

saber de qué hablamos. Corremos el riesgo de hacer nominalismo, de anular las cosas a través de la abundancia de nombres inadecuados y preconstituidos que utilizamos para indicarlas. *Liberté, j'écris ton nom*, dijo Éluard en una célebre poesía, pero no describió ninguna libertad, no hizo más que nombrarla. Y para eludir este peligro y recomenzar a conocer verdaderamente, creo que puede ser beneficioso renunciar por completo a nombrar, y partir de las cosas hasta encontrarles *nombres nuevos*».

La obsesión de lo nuevo era, para él, la conciencia trágica de que perdíamos nuestras vidas corriendo tras los fantasmas —los mitos— del pasado, de que no cumplíamos con el deber intelectual —y moral— de edificar «nuestro» mundo —cosa que toda generación debe tratar de hacer, ya que quienes no han sabido configurar un mundo propio, son un vacío de la historia y es como si no hubieran existido. La literatura —todavía— puede representar un papel en el mundo tecnológico de hoy, si es capaz de hacer esa aportación. Sin embargo, Vittorini no era optimista. Ante un mundo nuevo, la literatura responde con vocablos viejos, de los que parece prisionera. La literatura, que ha de intentar cumplir una importante operación de adquisición de nuevas nociones, está viviendo del pasado, repitiendo formas y maneras que designan una realidad antigua: «La nuestra, es todavía una literatura a nivel de los sentidos, aristotélica, que tiene una idea aparente, es decir, falaz, del mundo.»

En el transcurso de la polémica que siguió a la apertura del debate sobre «Industria y literatura», se alzaron unas cuantas voces protestando por los planteamientos de Vittorini. No entraré, ahora, a discutir o aprobar los argumentos ideológicos en contra, porque el objeto de estas líneas era recordar, tan sólo, las proposiciones vittorinianas. Sí quisiera, no obstante, salir en defensa de la acusación que se le hizo de falso progresismo estético por su obsesión con lo «nuevo». De la creación estética no sabe nada —y casi todos lo hemos olvidado en alguna ocasión— quien desconoce, en palabras de Barthes, que «lo Nuevo no es una moda, es un valor, fundamento de toda crítica».

2. A Lucien Goldmann lo traté menos que a Vittorini. Pero, me bastaron un par de cenas para descubrir un tipo humano radicalmente diferente del siciliano. Rumano, nacido en 1913, en Bucarest, Goldmann se licenció en Derecho —ese estigma que arrastramos infinitos literatos—, y más tarde se «doctoró» en Filosofía por la Universidad de Zurich y en Letras por la Sorbona. Si Vittorini me enseñó muchas cosas sobre literatura *viva voce*, no menos he aprendido de Goldmann a través de sus libros.

Goldmann parecía un puro sensual. De complexión robusta y gruesa —con uno de esos cuellos sólidos, de toro, reveladores de una obstinación a prueba de bomba, coquetamente despeinado siempre, labios carnosos y mirada irónica— era un judío conectado con los marxistas centroeuropeos de la Escuela de Francfort. Gracias a Goldmann, se publicaron en Francia las primeras traducciones de Lukács, a finales de la década de los cuarenta. En aquel tiempo —me explicó— no dominaba completamente el francés y se hacía ayudar por un escritor novel, del todo desconocido entonces, que se llamaba Michel Butor. Introductor de Lukács, Goldmann era discípulo y gran admirador suyo. Con el tiempo, sus ideas se alejaron de las del maestro, en especial por lo que se refiere a la falta de comprensión por parte

29

de Lukács de las vanguardias contemporáneas. Desde luego, su obra le debe mucho al pensador húngaro, cosa que siempre reconoció.

Si ahora le menciono, en lejana relación con Vittorini, es porque mientras repasaba la colección de «Il Menabò» a la que he hecho referencia, cayó en mis manos un ensayo póstumo —Goldmann murió en octubre de 1970—, fechado en 1965, recogido en el libro *La création culturelle dans la société moderne* (Denoël-Gonthier, 1971) y que trata también de literatura y sociedad industrial. El título del ensayo es *Les interdependances entre la société industrielle et les nouvelles formes de création littéraire.*

El planteamiento de Goldmann es interesante porque llena el vacío de lo que Vittorini no supo explicar, es decir, las razones sociológicas del cambio cultural ocurrido en la sociedad industrial. Goldmann plantea su trabajo de una manera orgánica, comenzando por definir las dos funciones esenciales que la creación cultural cumple en la vida social. Son éstas: 1. Por una parte, no reflejar la conciencia colectiva o simplemente registrar la realidad, sino crear en el plano de lo imaginario un universo, cuya estructura ayude a los hombres a tomar conciencia de sí mismos y de sus aspiraciones afectivas, intelectuales y prácticas. 2. Por otra parte, suministrar a los miembros del grupo, en el plano de lo imaginario, una satisfacción que debe y puede compensar las múltiples frustraciones causadas por los compromisos y las inconsecuencias inevitables impuestas por la realidad.

Desde esta perspectiva, la literatura o, para ser más precisos, toda obra cultural de importancia, aparece como el punto de encuentro al nivel más elevado, al mismo tiempo de la vida del grupo y de la vida individual, y su esencia consiste en el hecho de elevar la conciencia colectiva hasta un grado de unidad hacia el que ya estaba espontáneamente dirigida, pero que jamás habría alcanzado en la realidad empírica sin la intervención de la individualidad creadora.

Este planteamiento, dice Goldmann, era válido en las sociedades precapitalistas y, también, respecto a las obras vinculadas al sector económico de las sociedades capitalistas, es decir, aquellas obras que presentan la relación entre creación cultural y sociedad como un proceso de estructuración de una conciencia colectiva, determinada por factores individuales, sociales e históricos, entre los cuales se encuentran las relaciones de producción.

Ahora bien, esta situación se ha modificado modernamente a causa de la aparición de la «producción para el mercado», y de lo que Goldmann llama «el sector económico de la vida social». Este sector tiende a convertirse, en el interior de la sociedad global, en una estructura autónoma, cada vez más influyente, aunque sin reciprocidad, esto es, que los demás sectores tienen una influencia decreciente sobre él. Esta influencia unilateral del sector económico y tecnocrático, tiende a la supresión de la conciencia de los valores supraindividuales en el interior de la vida económica, y a debilitar la presencia y la acción de estos valores en el conjunto de la vida social, así como a reducir la autenticidad a un estadio de falsa conciencia, de subjetividad pura o de parlanchinería: abundantemente descrito, es el fenómeno de la cosificación, que nos ayuda a comprender a Kafka, Beckett, el *Nouveau roman*, etcétera.

En esta situación, la obra literaria ya no representa, como decíamos antes, el punto de encuentro entre la conciencia individual y la colectiva al más

31

alto nivel, sino, por el contrario, una relación mucho más compleja y dialéctica. El universo de la novela clásica tenía una estructura relativamente homóloga a la que regía el universo de la vida cotidiana de los hombres en el sector económico, y la nueva situación de predominio del sector económico-tecnocrático de la vida social, rompe esta homología y obliga a evolucionar a la obra literaria, no hacia la expresión de la conciencia del grupo social, sino, al contrario, hacia una resistencia y una no aceptación del grupo desprovisto de valores supraindividuales. Como quiera que el mundo de la economía tecnocrática tiende a suprimir estos valores, la obra literaria —sin la mediación de una conciencia colectiva que el actual estadio económico del capitalismo tiende a suprimir— se rebela contra un mundo que niega el valor de la literatura y quiere anular su función social. Desde la novela o el teatro del absurdo hasta la *école du regard*, desde la disgregación de las formas clásicas hasta las novelas del *discurso*, la literatura rechaza porque es rechazada. Y en la medida en que se encuentra con un lector pasivo, desresponsabilizado y consumista —producto de la nueva sociedad tecnocrática—, la literatura rechaza no sólo a la sociedad, sino también al lector. Fenómenos análogos los hallamos en las otras artes: cine, pintura, etc.

La preocupación esencial de la literatura llega a ser, entonces, la misma literatura o, mejor aún, el lenguaje, que es su «materia prima». Goldmann, no obstante, se detiene aquí y no quiere hacer ningún tipo de predicción. En un último párrafo, se limita a constatar que Marx y algunos marxistas posteriores habían intuido la llegada de una situación parecida, aunque erraron en el pronóstico en torno a la evolución del proletariado, que proporciona buena parte de los elementos «consumistas» de la sociedad industrial. En consecuencia, su análisis se cierra con una nota pesimista, a la que habrían de responder los creadores de hoy, haciendo frente a los designios de la capa tecnocrática dirigente. ¿Cómo hacerlo? La respuesta a esta cuestión tendrá que contener el germen de la nueva cultura, pero deberá, asimismo, plantear los medios de imponerla, esto es, tendrá que exponer las bases sociales y políticas que la hagan viable. ¡Toda una perspectiva...!

1974

2. — LITERATURA, IDELOGÍA Y POLÍTICA

SOLZHENITSYN EN EL ARCHIPIELAGO

> "Solzhenitsyn no es el primero que ha intentado abrir una brecha en los muros de la tradición stalinista, pero sí ha sido el único, a nuestro entender, que lo ha logrado."
>
> LUKÁCS

La memoria es corta. A quienes tratan de desfigurar el asunto Solzhenitsyn, aduciendo que el autor de *El Archipiélago Gulag* no ha hecho otra cosa que prestarse a las maniobras y provocaciones de la derecha occidental contra la Unión Soviética o contra el socialismo, convendría recordarles, por lo menos, que la primera tentativa de utilización política de la obra literaria de Solzhenitsyn tuvo lugar precisamente por parte del gobierno soviético, en 1962, a raíz de la publicación de *Un día en la vida de Iván Denisovich*. Es más: la utilización de los contenidos críticos del stalinismo en la obra de Solzhenitsyn no se limitó a una cuestión doméstica, aireada desde «Novy Mir», sino que, voluntariamente, el gobierno soviético ordenó a sus embajadores en Occidente que promovieran o ayudaran a publicar los primeros manuscritos de aquel escritor desconocido, «injustamente condenado a ocho años de internamiento en un campo de trabajo y corrección», según la terminología oficial empleada en el documento de rehabilitación 40-83/56, del Tribunal Supremo de la URSS. Pierre Daix —ex redactor en jefe de «Les lettres françaises»— ha recordado recientemente,[1] como ejemplo, las urgentes gestiones de los miembros de la embajada soviética en París cerca de las Éditions Julliard, a fin de acelerar la salida de *Un día en la vida de Iván Denisovich*, obra que, en aquellos momentos, gozaba no sólo de la aprobación, sino también de la protección de los estamentos culturales oficiales soviéticos, que fueron, por tanto, quienes entregaron la obra de Solzhenitsyn a la voracidad del mundo capitalista.

Este primer libro de Solzhenitsyn, considerado por Lukács como «una imagen alegórica de la vida cotidiana bajo Stalin»,[2] contenía en germen toda la obra posterior del autor, cuyos puntos de vista no han cambiado sustancialmente en los últimos doce años, como no sea para desarrollar las ideas iniciales que le llevaron a emprender su aventura literaria. Lo que realmente ha cambiado —y no para mejorar— son las ideas y los métodos del gobierno soviético. Y por eso es absurda la actitud de unas cuantas personas o grupos *soi disant* izquierdistas, que atribuyen a Solzhenitsyn toda la culpa del escándalo promovido en el mundo occidental, a raíz de los hechos que culminaron con la expulsión del escritor de su país. Actitud, además, no sólo absurda, sino plenamente irresponsable, porque trata de eliminar un debate —traspasándolo a espaldas ajenas y enemigas— intrínsecamente socialista: Lukács, en el

1. Pierre Daix, *Ce que je sais de Soljenitzyne*. Éditions du Seuil, París, 1973, pág. 11.
2. Georg Lukács, *Soljenitzyne*. Gallimard, París, 1970. Pág. 22.

libro mencionado, dice que «Solzhenitsyn es un admirable planteador de la crisis más grave atravesada hasta hoy por el socialismo»[3] y Rossana Rossanda, desde «Il Manifesto», comenta que todavía «nadie ha sido capaz de demostrar a Solzhenitsyn que había una solución de izquierda, una solución socialista, a las monstruosidades stalinistas».[4]

Este, a mi entender, es el único planteamiento posible desde una izquierda responsable y, en definitiva, el único que personalmente me interesa. El aprovechamiento anticomunista del asunto es una consecuencia inexorable, y completamente natural, de la acumulación de errores e injusticias cometidos por los dirigentes soviéticos, y no es preciso insistir. La tentativa de analizarlo desde la izquierda, en cambio, corresponde a la voluntad de desvelar uno de los períodos más oscuros y siniestros de la historia del socialismo, que sigue pesando como una hipoteca irredimible sobre cualquier planteamiento renovador —por otra parte completamente necesario— que hoy quiera hacerse del mundo socialista.

Por eso conviene insistir, cuando menos, en dos hechos, el primero de los cuales es la condición principal de cuestión interna soviética del caso, y el segundo, el sentido profundo de la obra solzhenitsyana, al margen de su triste papel de cruzado del anticomunismo en Occidente.

Una cuestión interna soviética

Desde el primer momento, Solzhenitsyn despertó, a causa de los contenidos críticos de su obra, el

3. Ob. cit., pág. 96.
4. Citado por Jean Daniel en "Le Nouvel Observateur" del 11 de marzo de 1974.

interés de la clase política de su país. Es más: sin el XX Congreso del PCUS y la política consiguiente del gobierno soviético, Solzhenitsyn podría ser, todavía hoy, un escritor inédito. Lo cierto es que a partir de las tímidas, aunque significativas, tentativas de Ehrenburg (*El deshielo*), de Dudintzev (*No sólo de pan vive el hombre*) y de otros escritores, se iniciaba un proceso que desembocaría en un planteamiento radical de la crítica del stalinismo. El hombre que reunía las condiciones para hacerlo era precisamente Solzhenitsyn, quien a su experiencia de víctima de la arbitrariedad totalitaria —bien al contrario de Ehrenburg, por ejemplo, que siempre supo sortear los obstáculos políticos y no había vacilado en integrarse en el *establishment* soviético—, unía una mentalidad más bien conservadora de la continuidad, no sólo de un sistema económico, sino, como veremos en el apartado siguiente, de la historia del pueblo ruso, de lo que podríamos llamar el *alma rusa*. Me parece importante subrayar, desde el principio, este carácter conservador de la obra de Solzhenitsyn, para evitar las ambigüedades y, sobre todo, para dejar establecido que no se trata de juzgar su pensamiento político, sino de poner de relieve el verdadero fondo de la cuestión: el espíritu de su crítica, no ya únicamente del stalinismo, sino de las condiciones que en los inicios de la Revolución posibilitaron su aparición.

Podríamos, por tanto, dividir claramente su obra en dos etapas, marcadas por la aceptación y el aliento oficial, en primer lugar, y en segundo por el rechazo y el obligado paso a la clandestinidad del escritor.

Un día en la vida de Iván Denisovich aparece en las páginas de «Novy Mir», la revista dirigida por Tvardovski, que publicó a todos los jóvenes o inéditos autores del momento en que todavía Kruschev intentaba dar coherencia a la política iniciada con su informe secreto al XX Congreso del PCUS. A la publicación de esta obra suceden *La casa de Matriona*, *El desconocido de Krechetovka* y *Por el bien de la causa*. No se trata, sin embargo, de libros escritos para aprovechar la oportunidad del momento. En realidad, su redacción era muy anterior y Solzhenitsyn los había escrito con el convencimiento de que jamás llegarían a publicarse. Incluso, por precaución, *La casa de Matriona* —uno de los más bellos relatos del autor— se publicó con fecha de 1953, cuando en realidad se había escrito en 1956. Tvardovski y Solzhenitsyn jugaban al equívoco de hacer creer que la obra se refería a los momentos finales de la vida de Stalin, cuando en realidad los hechos narrados ya eran contemporáneos del XX Congreso. La acogida dispensada a la primera obra de Solzhenitsyn, con ligeras reticencias por parte de las revistas de línea «dura», fue elogiosa desde dos puntos de vista diferentes: uno, su calidad literaria; el otro, su valentía en la denuncia del «culto de la personalidad». En todo caso, no es sólo Tvardovski quien hace el elogio literario: Elsa Triolet —rusa ella misma—, al regreso de un viaje a la URSS, con «Novy Mir» en la mano, exclama: «Es la gran prosa rusa... un verdadero clásico.» [5] Y en la Unión Soviética se suceden los elogios, mesurados y temerosos algunos, pero otros, los de los escritores más respetados, completamente aprobatorios: Ermilov en «Pravda», Simonov en «Izvestia», Baklanov en «Literaturnaia Gazeta»... La consecuencia es que *Un día en la vida de Iván Denisovich* es propuesto para el premio Lenin. Kavenin, Ehrenburg,

5. Pierre Daix, ob. cit., pág. 13.

Chukovski y otros defienden a Solzhenitsyn, dentro de la línea que creen todavía fuerte, y de los XX y XXII Congreso del PCUS. Quién sabe, sin embargo, si no era ya demasiado tarde: la candidatura oficialmente defendida de Solzhenitsyn, desencadena los primeros ataques frontales y las últimas defensas. Estamos en setiembre del 64. Un mes después, caerá Kruschev.

Ya en el 65, podemos apreciar el cambio de orientación en la política gubernamental respecto a los intelectuales: Siniavski y Daniel son detenidos y condenados a las penas máximas previstas por la ley. Algunos partidos comunistas occidentales comienzan a distanciarse de la línea «dura» del gobierno soviético, especialmente en Italia y Francia. En el interior de la Unión Soviética se desarrolla un proceso creciente de clandestinidad entre los escritores que, cada vez con mayor frecuencia, publican sus libros en *samizdat*. La Unión de Escritores —que ya expulsara años atrás a verdaderos escritores de talla, como Anna Achmatova y Boris Pasternak— arroja ahora de su seno a Siniavski, pese a la oposición de algunos miembros, como Chukovski, Paustovski y Ehrenburg, quienes se dirigen directamente al XXIII Congreso, junto con intelectuales de otras ramas, para evitar la condena. Los debates de la Unión de Escritores —parcialmente publicados, con posterioridad— son documentos que denotan, salvo honrosas excepciones, el retorno al estilo acusatorio de la época stalinista. En este sentido, el asunto Siniavski es muy significativo de la orientación que tomará la represión intelectual; quiero decir que, en cierta manera, prejuzgaba ya lo que sucedería con Solzhenitsyn en los años siguientes.

En una entrevista en la «Literaturnaia Gazeta», el 27 de octubre de 1964, Tvardovski señala el proyecto de publicar en «Novy Mir» el libro que Solzhenitsyn está a punto de concluir: se trata de la primera parte de *Pabellón de cancerosos*. Mientras tanto, sin embargo, Solzhenitsyn había acabado *El primer círculo*, una copia del cual requisaría la policía, con otros papeles, en un registro efectuado en casa de un amigo en 1965. El hecho más curioso —y desconocido por la mayoría de los lectores— fue que la policía del Estado, al ver el contenido de *El primer círculo*, hizo una especie de *contrasamizdat*: lo publicó como provocación e invalidó así una posible edición legal.

No obstante, con ayuda de Tvardovski, Solzhenitsyn intenta la publicación de *Pabellón de cancerosos*, para demostrar su voluntad de no transgredir la ley: si se condena la edición en el extranjero de obras de autores soviéticos (Siniavski-Daniel) y el procedimiento *samizdat* invalida la edición normal, es preciso luchar por la publicación legal. Solzhenitsyn somete al arbitraje de la sección de prosa de la Unión de Escritores el manuscrito de *Pabellón*... y ésta acaba recomendando la edición del libro, pero las presiones hechas sobre las revistas con posibilidades de publicarlo hacen inútil la recomendación: *Pabellón de cancerosos* quedará inédito en la Unión Soviética, aunque no en Occidente, adonde llega, de la mano oficiosa de Victor Louis, un ejemplar pronto traducido y difundido sin permiso del autor.

En ese momento Solzhenitsyn decide enfrentarse definitivamente a la censura encubierta, el sutil aparato represivo del gobierno que la practica y que ha difundido, ilegalmente, sus obras: se dirige al IV Congreso de la Unión de Escritores con una carta que motiva no pocas reacciones contrarias y, finalmente, la discusión pública que provocará la puesta en marcha del proceso de expulsión de la Unión. Este proceso es muy largo —dura más de dos años— y la exclusión se pronuncia en noviembre de 1969. A los ojos de la sociedad soviética, Aleksandr Solzhenitsyn deja de ser un escritor profesional y queda totalmente marginado del mundo intelectual. El premio Nobel otorgado en 1970 acentúa las críticas en el interior de la URSS, y hace estallar el escándalo en el mundo occidental. Definitivamente condenado al silencio, Solzhenitsyn autoriza, entonces, la publicación de sus libros en Occidente. Quedará por saber el destino final que le reservará el gobierno: en febrero de 1974, tras una breve detención, Solzhenitsyn es expulsado de la URSS y así se cierra un proceso que había comenzado, con signo totalmente contrario, doce años antes, en el momento de la publicación de *Un día en la vida de Iván Denisovich.*

Un pensamiento conservador

Bernard Féron decía, de algunos intelectuales soviéticos, que califican de reaccionaria la obra de Solzhenitsyn porque «a diferencia de la mayoría de contestatarios, jamás proclama su adhesión al socialismo. (...) Pese a ello, muchos críticos de su postura política le respetan y admiran porque, en definitiva, propone lo que más necesitan, esto es, no recetas o un programa, sino un sistema universal de valores».[6] Lo curioso es que, en la Unión Soviética de hoy —más de cincuenta y cinco años después de la revolución— se pueda producir esta falta de

6. "Le Monde", 15 de setiembre de 1972.

un sistema universal de valores... Es un hecho, sin embargo, atribuible al inmovilismo y al estancamiento ideológico de un régimen que no ha sabido continuar, hasta las últimas consecuencias, el proceso abierto por Kruschev en el XX Congreso del PCUS: «El marxismo se ha detenido: precisamente porque esta filosofía quiere cambiar el mundo, porque apunta al *devenir-mundo de la filosofía*", porque es y desea ser *práctica,* se ha producido en ella una auténtica escisión que ha dejado la teoría de una parte y la *praxis de otra.*» [7] En consecuencia, se produce una regresión hacia la *existencia*: de una u otra manera, Solzhenitsyn se halla —de repente— como adalid *malgré lui* de un movimiento existencialista, que hace suya la subjetividad de una aventura personal —los campos de concentración, el exterminio gratuito— frente a los demás y frente a una instancia superior que puede ser Dios. Dice Roy Medvedev, en un reciente y notable artículo: «Del pensamiento de Solzhenitsyn se deduce que el liderato moral sólo puede ejercerlo la religión, no la doctrina política. (...) En los campos stalinistas y en las prisiones, los verdaderos creyentes superaron los momentos de crisis mejor que quienes no lo eran.» [8] El problema, en todo caso, es que, para la mayor parte del pueblo soviético, la religión ya no existe y es difícil que los jóvenes puedan encontrar su fe y una fuerza moral a través de Dios. La obra de Solzhenitsyn, desconocida por sus contemporáneos, no puede transmitir a su gente el particular mensaje moral que contiene, pero conviene también preguntarse, dejando el interrogante sin respuesta: ¿qué acogida tendría si se

7. J. P. Sartre, *Qüestions de mètode.* Edicions 62, Barcelona, 1973, pág. 22.
8. Roy Medvedev, *Sobre Archipiélago Gulag.* "Plural", marzo de 1974.

difundiera en la URSS? Personalmente, creo que sería un debate interesante, a condición de que fuese auténticamente libre. Y, por otro lado, ¿es lícito privar a los ciudadanos soviéticos de ese debate?

Mejor acogida tendría, seguramente, la parte del pensamiento solzhenitsyano que se refiere a la existencia viva de la tradición espiritual del pueblo ruso. Una de sus tentativas más conscientes ha sido la creación de un puente entre pasado y presente, salvando la fisura causada por la Revolución del 17. Son ya muchas las voces que, hoy, desde el campo marxista, protestan contra una pretendida ruptura de la continuidad histórica de los pueblos, en nombre de unos movimientos revolucionarios que, sobre todo, han conseguido unos hitos económicos y de justicia social. Lukács lo subraya en su libro, ya citado, sobre Solzhenitsyn. Pero son numerosos los escritores soviéticos (condenados unos por sus contemporáneos, como Achmatova y Pasternak; tolerados otros, como Nekrasov y Tvardovski) convencidos de que la continuidad histórica y cultural no se rompe por un cambio del sistema económico y social, sino que, al contrario, hay que profundizar en la tradición viva de los pueblos, para extraer cuanto pueda reafirmar lo que Solzhenitsyn llama «la unidad espiritual de la nación», pero que puede definirse con otras denominaciones más o menos revolucionarias o conservadoras, desde «la necesidad de dar una continuidad al mundo, para posibilitar sin traumas la reproducción social», hasta buscar «una moral nacional» basada en la historia de cada pueblo.

Sea como fuere, el intento de Solzhenitsyn por crear un puente entre el pasado y el presente (Lukács prefiere otra fórmula para su propia obra: «el puente que he intentado trazar entre el pasado y

43

el futuro, para y a través del presente»),[9] responde a una necesidad compartida por un número considerable de compatriotas suyos y que nosotros quisiéramos definir, con Agnès Heller, diciendo que «ni un solo valor conquistado por la humanidad se pierde de una manera absoluta; siempre hubo, hay y habrá resurrección. Yo llamaría a esto la *invencibilidad de la sustancia humana,* que sólo puede sucumbir con la misma humanidad, con la Historia».[10]

Desde un punto de vista literario, Solzhenitsyn intenta enlazarse con la tradición que le parece, todavía hoy, la más válida de la literatura rusa, es decir, Tolstoi y Dostoievski. Cree que debe recoger el hilo de la historia donde ellos lo dejaron. Y, como dice Pierre Daix, no el hilo cronológico —lo cual le reprochan sus detractores oficiales—, sino el que teje la continuidad de la historia y de la cultura: se trata de un hilo moral, el de la «unidad espiritual de la nación», ya mencionado. Sin él, «generaciones silenciosas envejecen y mueren sin haber hablado nunca de sí mismas; ni entre ellas, ni con sus descendientes». Porque la literatura transmite experiencia de generación en generación: «De esta manera se transforma en la memoria viva de la nación, preservando y enalteciendo la llama de su historia pasada, para que se salve de deformaciones y calumnias. Y así, la literatura, con la lengua, protege el alma de la nación.» («Discurso de Estocolmo».)

Quedan, finalmente, las amargas consideraciones de Solzhenitsyn contra quienes han perseguido, desde el poder, la literatura soviética, impidiéndole ejercer el papel que históricamente le correspondía: «Si nuestra literatura hubiera podido desarro-

9. *Goethe i la seva època.* Edicions 62, Barcelona, 1967.
10. Agnès Heller, *Historia y vida cotidiana,* Grijalbo, Barcelona-México D.F., 1972, pág. 30.

llarse sin trabas, toda la evolución artística de la humanidad se habría visto modificada». Afirmación evidentemente excesiva, pero que traduce un cierto orgullo eslavista que a Solzhenitsyn le cuesta disimular, y que entronca con las ideas de algunos grandes pensadores rusos del XIX, especialmente con las de Soloviev, cuando imaginaba el enriquecimiento de la historia de Occidente con la aportación de la espiritualidad y del pensamiento eslavos, para la consecución de un orden universal integrador y superior. En un momento de la discusión del 2 de setiembre de 1967, sobre las cartas dirigidas por Solzhenitsyn al IV Congreso y a la Unión de Escritores, éste pregunta a los presentes si han entendido de qué trataba la primera de las dos cartas: «De la censura», responden diversas voces. Y Solzhenitsyn replica: «No habéis comprendido nada, si decís que se trata de la censura. Esta carta habla del destino de nuestra gran literatura, que en tiempos subyugó y apasionó a todo el mundo, y que ahora ha perdido su lugar.»

Conclusión

La obra de Aleksandr Solzhenitsyn ha sufrido gravemente del hecho de haber sido utilizada con fines políticos, por unos u otros, desde el mismo momento de su aparición. Este hecho ha enturbiado, en buena parte, los juicios sobre ella, creando, por tanto, una situación que dificulta la opinión imparcial y estrictamente literaria. Y el propio autor ha complicado las cosas con sus torpes declaraciones en Occidente. Sin embargo, la obra se remonta por encima de las querellas suscitadas: como tantos escritores a lo largo de la historia, Solzhenitsyn ha practicado una literatura de denuncia moral y de tentativa de salvación de la memoria colectiva, frente a las resistencias irracionales de esa fuerza siniestra, destructiva y estúpida, que es la burocracia política. Finalmente, Solzhenitsyn ha intentado, en esencia, rescatar del olvido cincuenta años de la historia espiritual y moral de Rusia, su patria, y responder a unas preguntas que él mismo formuló en uno de los textos de *Miniaturas en prosa*: «Y horroriza pensar: ¿se olvidarán de igual modo nuestras absurdas vidas perdidas, todas las explosiones de nuestro desacuerdo, los gemidos de los fusilados y el llanto de las esposas, todo? ¿Dará todo esto, también, una belleza acabada y eterna...?» [11] Son preguntas que quedan, todavía, sin respuesta.

1974

---

11. Edicions 62, Barcelona, 1971; pág. 34.

EVTUSENKO, UN NIETO DE LA REVOLUCION

1. *Los nietos de la revolución*

El azar ha querido que la edición catalana de *Autobiografía precoz* coincidiera con el cincuentenario de la Revolución rusa, a cuyas consecuencias la obra de Evgeni Evtusenko está tan profundamente ligada que, sin hacer referencia a ella, no podríamos adentrarnos en su poesía y no comprenderíamos el sentido, o falsearíamos su dimensión histórica.

Digamos antes, no obstante, con el mismo Evtusenko, que la autobiografía de un poeta se halla en sus poemas, y que el resto es un puro comentario. Esto, que suele ser cierto en un sentido profundo, en el caso de Evtusenko se convierte en una obviedad manifiesta, porque su poesía —que es, en líneas generales, la de un poeta romántico— tiende esencialmente a dar testimonio de su presencia, de su existencia en el mundo: en este sentido la *Autobiografía precoz*, más que un documento político —tal como ha sido presentada en el mundo occidental— debería considerarse como un extenso prólogo biográfico, puramente introductorio a la edición de las obras poéticas del autor y estrechamente ligado a ellas. Y ésta es la razón de que los editores de este libro juzgaran imprescindible —a diferencia de los de la edición francesa, por ejemplo— añadir una selección de poemas al texto autobiográfico, sin la cual no sería posible una auténtica iniciación del público catalán a la obra de Evtusenko.

Nacido en 1933, Evgeni Evtusenko pertenece a la generación de los que podríamos llamar «nietos de la Revolución»: él mismo nos dice que su abuelo fue uno de los principales inspiradores y organizadores del movimiento revolucionario campesino en los Urales y en la Siberia oriental, y que la Revolución fue la religión de su familia. Dos hechos nos ayudarán a configurar esta generación. En primer lugar, las generaciones anteriores tuvieron que luchar en una u otra de las guerras mundiales de nuestro siglo y los más viejos, además, habían participado en los combates revolucionarios: en todo caso, ambas generaciones sufrieron los momentos más dramáticos y los tiempos más difíciles desde 1917, esto es, los largos años iniciales de la construcción del socialismo. Desde este punto de vista, la de Evtusenko ha sido una generación privilegiada, la primera en gozar de los resultados y beneficios más espectaculares de la Revolución: un plan educativo con profundidad social y la consolidación de un sistema político, económico y social que, al mismo tiempo que ha operado una transformación radical de una infraestructura anticuada, ha hecho de la Unión Soviética la segunda potencia industrial del mundo. Cierto que todo ello no se ha conseguido de una manera plenamente satisfactoria ni, sobre todo, con facilidad. Es más, en el seno de la colectividad soviética nació y se desarrolló con virulencia un cuerpo extraño: el stalinismo, púdicamente bautizado luego con el nombre de «culto de la personalidad». Pero incluso esto se les ahorró a los nietos privilegiados de la Revolución, precisamente porque los peores momentos del stalinismo coincidieron con su infancia y adolescencia, es decir, cuando personalmente todavía eran incapaces —al menos conscientemente— de envilecerse o alienarse con los hechos y las consecuencias de la época del terror. Y éste ha sido, diríamos, el segundo rasgo característico de esta generación, a la que se ha encomendado la misión de consolidar definitivamente el socialismo, superando la etapa dominada por el «culto de la personalidad».

A la muerte de Stalin, en 1953, Evtusenko tenía diecinueve años, edad en que las crisis no sólo son fácilmente superables, sino que, en general, fortalecen la personalidad y señalan el camino que, definitivamente, habrá de emprender el hombre nuevo que deja atrás una adolescencia llena de misterios no resueltos y de inseguridades febriles. Augusto Livi, en su *Encuesta sobre la juventud soviética*,[1] nos dice que «las condiciones concretas en que estos jóvenes se encontraron, son las de una seguridad bien determinada (estudios, puestos de trabajo, perfeccionamiento, «carrera») y de una vasta realidad que espera ser plasmada por ellos». En su caso —e intento aquí explicar la diversidad de la actitud entre ellos y un europeo no comunista de Occidente—, las premisas ideológicas y políticas se fundamentan en aquella seguridad y en aquella realidad, y se identifican con ellas.

Realmente, la tarea reservada a la generación de los nietos de la Revolución consiste en la reconsideración de algunos aspectos de la moral social so-

1. Giulio Einaudi Editore, Turín, 1961.

viética, cosa absolutamente normal y lógica, tras los años de tensiones y luchas por alcanzar la estabilización política del sistema socialista. Con esto queremos decir que sus privilegios les han permitido hilar más fino en algunas cuestiones postergadas por la urgencia de la Revolución.

La moral heredada había sido muy claramente definida por Marx, y rigurosamente aplicada por Lenin y demás creadores de la Revolución. La función de la moral comunista se definió oficialmente en el discurso de Lenin al III Congreso Nacional de la Federación de Juventudes Comunistas de Rusia, el 2 de octubre de 1920,[2] y se basaba en dos puntos esenciales: a) Negación de la moral tradicional (burguesa y preburguesa), esto es, negación de todos los valores y reglas éticas que descansaban sobre una sanción «trascendente» (religiosa) o sobre posturas «idealistas»; y b) afirmación de una nueva moral «comunista», subordinada en su totalidad a los intereses de la lucha de clases del proletariado. Los principios de esta moral derivan solamente de los intereses de esa lucha.

Como dice Marcuse, el rasgo universal de la ética soviética fue «la politización de los valores». Desde este punto de vista, la tarea de los nietos de la Revolución no ha consistido —como algunos quisieran creer— en una «despolitización de los valores», sino en su enriquecimiento. ¿Qué queremos decir con esto? Para nadie es un secreto que durante los «años difíciles» se produjo un empobrecimiento de estos valores éticos, no tanto por una hipotética pérdida de vigencia de los principios morales de la Revolución, como por una reducción de su cam-

2. Ver, sobre este tema, la obra de Herbert Marcuse, *Soviet Marxism*. Columbia University Press, Nueva York. Segunda parte, capítulos 9 al 13.

po de proyección, que se tradujo, concretamente en arte y literatura, en una concentración temática sobre el mundo del trabajo, flanqueada por la historia de la Revolución y, a partir de los años cuarenta, por el tema de la resistencia del pueblo soviético a la invasión nazi.

No es de extrañar que, en tales circunstancias, pocos meses después de la muerte de Stalin, en los mismos inicios del «deshielo», comenzara el proceso de enriquecimiento de estos valores. Se trataba sencillamente de hacer volver a la superficie una serie de dimensiones de la persona, erróneamente menospreciadas a causa de toda una política acostumbrada, por razón de las circunstancias iniciales, a establecer unas prelaciones que, a la larga, al petrificarse, acabaron por hacer olvidar el sentido global y totalizador de la Revolución. Ejemplo de ello sería un famoso artículo sobre los temas a desarrollar por los cineastas soviéticos, y que apareció en la revista «Arte Soviético», cinco meses después de la muerte de Stalin.

Este artículo, de M. Xmarosva, titulado *A propósito de quienes no gustan hablar de amor*, era extraordinariamente significativo y su influencia no tardó en notarse, no sólo sobre el cine soviético —al que directamente se refería—, sino también sobre la literatura. Más que lo que ahora podamos decir, unos párrafos de ese artículo ilustrarán lo referido en las líneas anteriores: «El menosprecio del tema amoroso ha llevado a bastantes cineastas nuestros a un punto en que descuidan cierto número de problemas, cuya importancia social es inmensa y primordial. Un *décalage* es muy posible precisamente en las cuestiones de amor, de familia y de existencia cotidiana, donde la gente no forma parte directamente de un grupo más amplio. (...) No debe olvi-

51

darse la esfera de la vida privada. Es esencial movilizar todas las posibilidades del cine —incluyendo géneros como la comedia o la sátira—, que castigan con humor y marcan con hierro candente las supervivencias burguesas, no sólo en la vida pública de la gente, sino también en su vida privada.»[3]

Y junto con el amor, toda una serie de valores morales estrictos, como el inconformismo, el deber de denunciar las opresiones burocráticas o la alienación del dogmatismo, se presentaban como tarea para la nueva generación, enfrentada a los problemas de la desestalinización.

No creemos necesario añadir más pinceladas rápidas para hacer un esbozo de la situación histórica, de los deberes y tareas de una generación que, pese a todo, era la primera generación privilegiada, *consentida*, desde los inicios de la Revolución. ¿Es preciso decir que sus componentes se dedicaron a estas tareas con el ardor y los errores propios de la edad?

Ahora bien, se ha querido presentar en Occidente a los nietos de la Revolución como una generación que protestaba contra el sistema soviético. No ha sido así. Los nietos de la Revolución —hay que tenerlo en cuenta, si no queremos engañarnos— aceptan el sistema, y sus protestas, reivindicaciones y denuncias se refieren siempre a aspectos concretos, pero nunca generales o de principio, de la construcción del socialismo.

En este cuadro se inserta la figura de Evgeni Evtusenko, de cuya obra convendría, tras este preámbulo, hablar brevemente.

3. M. Xmarosva: *A propósito de quienes no gustan hablar de amor*. "Arte Soviético", 1 de agosto de 1953, pág. 17.

2. *Iniciación a la obra de Evtusenko a través de siete poemas*

De igual modo que, en los países occidentales, la *Autobiografía precoz* se ha considerado más como documento político que como introducción biográfica a la obra del autor, también los poemas de Evtusenko se han valorado desacertadamente como testimonios de una rebelión política: es preciso decir, de todos modos, que ciertas resistencias opuestas en algunos momentos a su publicación, o determinadas protestas y denuncias expresadas en la Unión Soviética contra ellos, han ayudado, al trascender al mundo occidental, a considerarlo como poeta político, especie de adalid de una hipotética revuelta contra el sistema imperante en su patria.

Por el contrario, parece evidente que Evtusenko no sólo acepta el sistema socialista, sino también que propugna una reforma de tipo ético, capaz de ayudar al mejoramiento y consolidación de un sistema que considera justo y necesario: y no únicamente para su país, sino para todos los del mundo contemporáneo.

Dijimos, en el apartado primero, que los problemas planteados por los escritores de la generación posestalinista son, esencialmente, morales. El mundo por ellos heredado ha experimentado, en el transcurso de cuarenta años —desde 1917 hasta 1956, fecha del XX Congreso—, el trastorno de dos guerras, la conmoción de una Revolución de resonancias históricas mundiales y el desconcierto producido por las contradicciones de un sistema que, bajo Stalin, no llegó a encontrar la formulación adecuada de la superestructura política que la Revolución exigía. ¿Qué faltaba en ese mundo revolucionario —aparte de los perfeccionamientos normales de tipo técnico, y de los reajustes de política económica constantemente necesarios en toda sociedad—, sino un replanteamiento moral de ciertos aspectos de la vida personal y social, ya presente, sin embargo, en los textos de los clásicos? En tales circunstancias, parece normal que la reflexión de los escritores de la generación de Evtusenko, menos absorbida por las urgencias a que habían estado sometidas las generaciones anteriores, se hayan orientado hacia algunos de aquellos problemas menospreciados durante las décadas precedentes, pero que, en definitiva, son el tejido íntimo, inalienable e irremplazable, de cada persona. Como dice Evtusenko:

Cada cual tiene un mundo secreto, muy suyo,
donde se oculta el mejor instante,
donde se oculta la hora más terrible.
Pero nosotros no sabemos nada.

No se trata de ningún descubrimiento, precisamente. Pero era necesario, finalmente, completada la tarea básica de destrucción de un mundo viejo, injusto e insolidario, reinstaurar el «mundo secreto de cada cual», en un contexto histórico en que la *unicidad* personal no sea motivo de división, de enfrentamiento y de lucha salvaje y primitiva, sino motivo de respeto y de comprensión, esto es, de una mayor solidaridad, la que precisamente se basa en la aceptación de la diversidad, que es fuente de enriquecimiento personal, porque sólo en el conocimiento y el respeto alcanzamos la personalidad inalienable de los demás.

Evtusenko plantea, pues, fundamentalmente, una problemática de tipo ético. Lo veremos en sus poemas, incluso en aquéllos como *Los herederos de Stalin, Babij Jar* y *Consideradme comunista*, que en un primer examen parecen llenos de contenido político. Digamos antes, sin embargo, que nuestra selección no se ha basado en la intención de ilustrar una tesis, sino en el intento de mostrar la diversidad temática de Evtusenko, para una mejor iniciación a su obra. Ha sido después de la selección, cuando nuestras consideraciones sobre los poemas escogidos nos han llevado a la conclusión que acabamos de enunciar. Intentemos, ahora, llegar conjuntamente con el lector.

El poema con que encabezamos la selección lleva por título *Han matado a un hombre*. Sobre el recuerdo, probablemente infantil, de un hombre asesinado «por dinero», el poeta reflexiona sobre otra clase de muerte, en la que no es difícil reconocer la corrupción moral, el conformismo, el aburguesamiento:

> *A menudo he presenciado,*
> *por mucho que me duela,*
> *el invisible hundimiento*
> *de un alma.*

Y esta otra clase de muerte está referida, muy concretamente, a los hombres de las generaciones anteriores:

> *Y cuando observo a un compañero viejo*
> *en medio del tráfago,*
> *temo adivinar*
> *las señales sin vida.*
> *No puedo soportarlo.*

Y precisamente porque no puede soportar la muerte moral, menos aún, quizás, que la otra muerte, la del *inocente*, la gratuita, el poeta escribe y denuncia.

¿Por qué esta rebelión? En el segundo de los poemas que presentamos, *Gente*, hallaremos una explicación más profunda de la rebelión y de la indignación moral del poeta. Evtusenko tiene un alto concepto del hombre. Lo tiene —lo vimos en su protesta contra la corrupción— a un nivel cívico y colectivo. Pero antes está el hombre concreto, perdido en el anonimato de la «gente»:

> *No existen hombres poco interesantes.*
> *Sus destinos son como historias de planetas:*
> *Cada uno es único, solo, él solo,*
> *no hay nadie que se le parezca.*

Por eso la muerte de un hombre nos priva, a los demás, de su riqueza personal —sea ésta la que fuere— y amputa un miembro de la comunidad, empobreciéndonos a todos:

> *Y si un hombre muere,*
> *muere también su primera nevada,*
> *y el primer beso, y el primer combate...*

«Desaparecen mundos, no personas», dice Evtusenko, con una voz radicalmente nueva en la poesía soviética después de Maiakovski, si exceptuamos la de algunos poetas, nunca completamente integrados en la Revolución. Porque el tejido espeso de la humanidad lo da, precisamente, esta densidad personal de cada cual, sumada a la de cada uno de los restantes millones de seres que forman las sociedades humanas. Se trata de reinstaurar en la literatura —o en el cine, como vimos antes— la vida cotidiana, los «fantasmas» personales, las dudas, la

56

indeterminación de la vida individual, en tanto que intimidad inalienable, dentro, no obstante, de un sólido contexto social donde desaparece la agresividad de la lucha por la propia supervivencia frente a los demás.

Hasta aquí hemos mostrado, voluntariamente, algunos rasgos diferenciales de la poesía de Evtusenko, respecto a lo que podríamos llamar poesía oficial soviética anterior. Ahora será preciso ver, sin embargo, los puntos de contacto con su entorno y comprobar cómo la penetración de su poesía también se hace a través de una concepción de tipo eminentemente ético. El ejemplo más claro nos lo ofrecerán, precisamente, los poemas que más dificultades han encontrado en el mundo oficial soviético, y que han querido presentarse en Occidente como demostrativos de una rebelión contra el sistema político imperante en la Unión Soviética. Por el contrario, ha sido a través de estos poemas cuando Evtusenko se ha aproximado más a «la oficialidad», es decir, cuando ha estado más cerca de una determinada línea política y, también, cuando su poesía ha sido aprovechada para señalar, desde el poder, los límites en que podían moverse las críticas formales a algunos aspectos del más inmediato pasado histórico. La intervención del jefe del gobierno, por aquel entonces Kruschev, en favor de la publicación del poema *Los herederos de Stalin* en «Pravda», puede ser un indicio: el mismo Evtusenko lo menciona en su autobiografía, así como el poema *Babij Jar*. Analicemos brevemente el contenido de estos poemas.

Los herederos de Stalin se abre con unos versos impresionistas y descriptivos para pasar, de repente, a desarrollar la imagen de un cadáver viviente: el de Stalin. La primera parte del poema finaliza con una petición al gobierno, a fin de que nunca más ni Stalin, ni el pasado por él representado, vuelvan a levantarse. Evtusenko justifica esta petición en unas acusaciones típicamente morales: Stalin descuidó el bienestar del pueblo, fomentó las calumnias, hizo detener a los inocentes. En definitiva —y en estos versos apoyamos nuestra tesis del carácter ético de la acusación—, Evtusenko dice de Stalin:

> *Creía en la grandeza del fin,*
> *sin contar*
> *con que los medios*
> *han de tener la misma grandeza.*

Es decir, el poeta hace suya la vieja máxima moral de que el fin no justifica los medios, y éste es, finalmente, en boca de un poeta soviético y en un poema publicado en «Pravda», un signo importante. Ahora bien, es preciso aclarar que no es el sistema el causante de una situación de anomalía moral, sino el abuso del poder y la mala utilización de sus órganos de control. Y uno de ellos es el de la creación de una opinión pública a través, entre otros muchos medios, de la voz de los intelectuales. Por eso Evtusenko acaba el poema con una admonición contra la posibilidad de una pervivencia del stalinismo, a través de sus herederos, los nostálgicos, los oportunistas, que incluso «gritan contra Stalin desde las tribunas»:

> *y después,*
> *de noche,*
> *añoran los tiempos pasados.*

¿Es preciso insistir también en los valores morales del poema *Babij Jar*? Se trata aquí de la protesta contra el antisemitismo, y de la solidaridad del poeta con los judíos perseguidos, solidaridad que se manifiesta con una total identificación con el pueblo oprimido:

> *Hoy tengo los años*
> *del pueblo de Israel*
> . . . .
> *Me parece que Dreyfus*
> *soy yo*
> . . . .
> *Me parece*
> *que soy Anna Frank,*
> *transparente*
> *como una rama de árbol en abril*
> . . . .
> *Yo*
> *soy cada uno de los viejos fusilados*
> *aquí.*
> *Yo*
> *soy cada uno de los viejos fusilados.*

En otro poema, *Consideradme comunista*, Evtusenko denunciaba, por una parte, la minoría de quienes, mientras la mayor parte del pueblo participaba «con abnegación, honradez y sacrificio» en la construcción de la Revolución, se le agregaban, «porque les resultaba ventajoso»:

> *Conozco bien a esta raza.*
> *Estoy harto de conocerla.*
> *Son*
> *en cualquier época.*
> *del color que conviene.*

El tono de imprecación era, en este poema, violento, durísimo: contra los aduladores, los tramposos, los lacayos, todos aquellos a quienes no importa que el poder sea soviético, sino poder. Frente a ellos, por otra parte, Evtusenko, que confiesa no ser del partido, se identifica, sin embargo, totalmente con la revolución y esta adhesión, una vez más, se manifiesta a través de afirmaciones morales:

> *...jamás saldrá de mí*
> *un adulador repugnante,*
> *que toda mi vida os diga,*
> *contradiciendo el interés y la insinceridad:*
> *«¡Consideradme comunista!»*

Hemos reservado para el final de esta selección, dos poemas que no nos parece necesario comentar. *Balanceo* expresa una voluntad de permanencia en medio de las oleadas y los tráfagos de nuestro tiempo, de este difícil y desconcertante tiempo nuestro, y que hace exclamar al poeta:

> *¡Qué siglo, el siglo veinte!*

Finalmente, *Envidia* es un canto al futuro. El optimismo del poeta, de cara a los tiempos venideros, se personifica en la tarea que desempeñarán los más jóvenes, lo que hoy todavía son niños, pero que recibirán no sólo lo que han heredado los nietos de la Revolución, sino una sociedad más coherente o menos contradictoria, donde sus componentes tendrán las posibilidades de desarrollo personal que, todavía hoy, no todos tienen. «No puedo olvidar», dice Evtusenko:

> *...que en algún lugar hay un chiquillo*
> *que llegará mucho más lejos que yo.*

Conclusión

No es preciso, probablemente, seguir insistiendo en la tesis —acaso unilateral y discutible— enunciada desde el principio: la sociedad soviética, políticamente solidificada, definitivamente transformada por los principios de la Revolución, exigía una reconsideración ética de unos postulados menospreciados, a veces, porque erróneamente habían sido considerados secundarios, otras, voluntariamente olvidados por el abuso del poder. La tarea de los nietos de la Revolución, en una primera etapa —la posestalinista—, ha sido el replanteamiento de estos postulados.

Dentro de esta generación se inscribe la obra de Evgeni Evtusenko, cuyo papel litcrario, por todas las razones mencionadas, probablemente sea, en la sociedad soviética, más el de revulsivo y agitador moral, que el de poeta creador del lenguaje y el de innovador de estructuras poéticas. De todos modos, la óptica occidental no es, seguramente, la más adecuada para juzgar el valor estricto de los escritores que, en una sociedad que ha sufrido transformaciones tan radicales como la soviética, han visto, en cierta manera, modificada su función social y, en consecuencia, debieron plantearse problemas históricamente inéditos. Sirva esta última consideración para que el lector acepte, con todas las reservas, esta breve introducción a la obra de un poeta que, por diversas razones, es para nosotros, como mínimo, objeto de la atracción y el interés que comportan la ignorancia o el deficiente conocimiento del mundo y la literatura soviéticos.

1967

LUKACS Y LA LITERATURA

Cuando escribimos estas líneas, György Lukács tiene ochenta y dos años y vive y trabaja en Budapest, tras una existencia llena de azares como los que fatalmente ha tenido que sufrir cualquier intelectual centroeuropeo, marxista y de ascendencia judía, que ha pasado, a través de una larga vida, una de las épocas en la que los cambios históricos han sido de los más trascendentales de la Historia de la humanidad y en la que las mutaciones sociales se han producido a un ritmo más intenso. La obra de Lukács, a lo largo de estos años, se ha visto influida y, en ciertos aspectos, determinada por estos cambios históricos; hallaremos, sin embargo, en ella, algunas constantes; la primera de las cuales será la tenacidad y la voluntad de lucha con que se ha manifestado, lo que le ha permitido, finalmente, imponerse en el mundo de la cultura contemporánea, a pesar de las innumerables alternativas de aceptación con que ha sido recibida. Otra característica —por lo menos en lo que se refiere a las obras de que trataremos en estas páginas: historia y estética de la literatura— ha sido el descubrimiento, desde el principio, de sus intereses y objetivos temáticos: así, en 1909, publica un ensayo sobre la «forma dramática» que habrá de constituir luego el capítulo inicial de su libro *A modern dráma Fejlö désének története* (*Historia evolutiva del drama moderno*), publicado en Budapest en 1912, que junto a las demás obras importantes del joven Lukács —*Die Seele und die Formen* (*El alma y las formas*, 1911) y *Die Theorie des Romans* (*Teoría de la novela* —1914-15—, 1920) constituye el arranque de planteamientos todavía idealistas de todo una obra parte de la cual ha sido dedicada, según la propia interpretación del autor, a la investigación de la historia de la literatura como aportación a una filosofía de la historia de la literatura.

Después de licenciarse en la Universidad de Budapest, encontramos al joven Lukács en Berlín, en 1909, inmerso en el estudio de las corrientes filosóficas de la época (neoplatonismo, filosofía de la vida, fenomenología, neokantismo), e influido por las teorías estéticas y literarias de Tiedler, Ernst o Mann. Son años de formación, pero serán, también, de iniciación al trabajo de creación. En esta primera etapa —que según Peter Ludz [1] dura hasta 1914-15, pero que para Lucien Goldmann [2] es la primera parte de un largo período de evolución que abarca toda su obra hasta 1927— los trabajos de Lukács siguen lo que podríamos llamar las líneas «normales» de desarrollo ideológico en la formación de un intelectual burgués de la preguerra de 1914 que se rebela frente a su propia sociedad, aunque sea la suya una rebel-

1. Prólogo a *Schriften zur Literatursoziologie*, de György Lukács, Hermann Luchterhand Verlag. Neuwied am Rhein, 1961. Hay versión castellana con el título de *Sociología de la literatura*, Ediciones Península, Madrid [Barcelona], 1966.
2. *L'esthétique du jeune Lukács*. "Mediations", 1. Editions de Minuit, París, 1961.

día que el propio autor ha considerado como «puramente utópica». Hacia 1914, nos dice Lukács, «me hallaba en pleno proceso de transición de Kant a Hegel, pero sin alterar por ello mi relación con los llamados métodos de la ciencia del espíritu. Esta relación se basaba esencialmente en mis impresiones juveniles, recibidas de los trabajos de Dilthey, Simmel y Max Weber, por lo que resulta que *La teoría de la novela* es un producto típico de las tendencias científico-espirituales».[3]

El revulsivo que para muchas conciencias fue la guerra del 14 no dejó de afectar a Lukács: «Mi actitud más íntima era una vehemente, global —y al principio poco articulada— no-aceptación de la guerra y rechazo del entusiasmo bélico.»[4] *La teoría de la novela* fue ya concebida —nos dice su autor— en un estado de espíritu de «desesperación permanente por la situación mundial». A lo largo de la guerra, esta crisis se acentuó, tanto en el terreno político como en el intelectual. Su profundización en la obra de Hegel y en la de Marx coincidieron con el triunfo de la Revolución de Octubre: «1917 había de aportarme la solución de problemas que hasta entonces me habían parecido insolubles». Lukács se inscribió en el Partido comunista y participó en la revolución húngara de 1919 junto a Béla Kun, en cuyo gobierno desempeñó el cargo de Comisario del Pueblo para la Instrucción. El período de 1917-19 significó, pues, en su obra, la ruptura definitiva de su desarrollo espiritual en su transición al marxismo-leninismo, y su compromiso y las nuevas responsabilidades políticas contraídas, una nueva fase —no desprovista de contradicciones y dificultades— que abrieron para su

3. Prólogo a la última edición de *Die Theorie des Romans*, Hermann Luchterhand Verlag. Neuwied am Rhein, 1963.
4. Ibid.

obra toda una serie de posibilidades metodológicas enraizadas en una densidad de objetivos tanto intelectuales como políticos.

Con lucidez y penetración, casi cincuenta años después de escrita *La teoría de la novela* —libro decisivo en su evolución—, el propio Lukács nos dice cuáles fueron sus insuficiencias metodológicas en la primera etapa de su obra: el autor tenía una concepción del mundo que procedía de una mezcla entre una *ética de izquierda* y una *epistemología de derecha*, contradicción que mantienen a lo largo de los años veinte, Ernst Bloch y Walter Benjamin y que vemos también en las primeras obras de Theodor W. Adorno, así como en toda una extensa tradición de la intelectualidad europea de entreguerra.[5]

Lukács siente la necesidad de superar esta contradicción. El marco de la literatura y de la estética le resulta angosto y emprende la redacción del que será, con el tiempo, su libro más discutido: *Geschichte und Klassenbewusstsein* (*Historia y conciencia de clase*, 1923), una de las obras más ricas, abiertas y originales del marxismo «no oficial». El análisis de esta obra escapa a nuestro objetivo de hoy —centrado, como hemos dicho, sobre los trabajos filosófico-históricos y teórico-metodológicos de la historia y la estética de la literatura— y que si citamos de paso se debe a que las críticas que desencadenaron esta obra y otros escritos del autor, saturados todos ellos de influencia hegeliana, llevaron a Lukács a una dolorosa revisión de sus ideas, a una rigurosa autocrítica de sus escritos de esta época, y, más tarde, durante un largo período, a volver a centrar el objeto de su trabajo sobre la historia y la estética de la literatura.

5. Ibid.

65

En el año 1930 y después de unos años de exilio en Viena a causa del fracaso de la Comuna húngara del 19, vemos a Lukács trabajando en el Instituto Marx-Engels-Lenin, de Moscú, donde conoce los escritos del joven Marx. Vuelve después a Berlín, pero la subida de Hitler al poder le obliga a salir de Alemania. En 1933, vuelve de nuevo a Moscú, esta vez para un largo período: uno de los más provechosos para su trabajo, parte del cual seguirá inédito y sólo tendrá una difusión muy limitada, por razón de las circunstancias históricas en los medios culturales soviéticos.

Todo esto contribuye a que la gran época de influencia de la obra de Lukács sobre el mundo intelectual europeo occidental no comience hasta después de terminada la segunda guerra mundial. La publicación de *Goethe und seine Zeit* (*Goethe y su tiempo*, 1947) abre una serie de libros importantes que serán asimilados, no sin grandes controversias, a lo largo de la década siguiente, todos ellos escritos durante sus años de estancia en la Unión Soviética. Entre ellos: *Essays über den Realismus* (*Ensayos sobre el Realismo*, 1948). *Karl Marx und Friedrich Engels als Literaturhistoriker (K. M. y F. E., historiadores de la literatura*, 1948), *Thomas Mann (T. M.*, 1949), *Der russische Realismus in der Weltliteratur* (*El realismo ruso en la literatura universal*, 1949), *Deutsche Realisten des 19. Jahrhunderts* (*Realistas alemanes del* XIX, 1951), *Balzac und der französische Realismus* (*Balzac y el realismo francés*, 1952), *Der historische Roman* (*La novela histórica*, 1955), etc.

Terminada la guerra, Lukács vuelve a Hungría después de un largo exilio de más de quince años. Es elegido miembro del Parlamento y directivo de la Academia de Ciencias húngara, a la vez que es nombrado profesor de Estética y Filosofía de la Cultura de la Universidad de Budapest. Pero la publicación de *Froladom és demokrácia* (*Literatura y democracia*, 1947) provoca una serie de discusiones que le obligan a retirarse de la vida política. Trabaja entonces en una obra sobre la filosofía de la época imperialista, *Die Zerstörung der Vernunft* (*El asalto a la razón*, 1954), participa en las actividades del famoso Club Petöfi, que tanta influencia tuvo en los acontecimientos de octubre de 1956, y es reelegido miembro del Comité Central del Partido Comunista húngaro del que había sido excluido casi treinta años antes. Durante la revuelta de octubre de 1956, es nombrado ministro de Instrucción Pública en el gobierno de Imre Nagy y, a la caída de éste, es deportado a Rumania. En abril del año siguiente vuelve a Budapest. La vida retirada que lógicamente se ve obligado a llevar le permite escribir, en la plenitud de su capacidad intelectual, la primera parte de su *Estética,* que fue publicada en 1964 en dos volúmenes y que, por su importancia, le ha valido el sobrenombre de «Marx de la Estética».

II

La obligada brevedad de esta introducción bio-bibliográfica nos ha dejado insatisfechos por la imposibilidad de dar en unas breves páginas una idea, ni remotamente aproximada, de la importancia y de la influencia de la aportación de Lukács al mundo de la cultura contemporánea. Como dice Peter Ludz,[6] no hay casi ningún pensador marxista de nuestros días que haya provocado aceptaciones y repulsas tan

6. Ob. cit.

apasionadas, lo mismo en el Este que en el Oeste, y seguramente son muy pocos los autores de nuestro tiempo que durante toda una época han influido sobre tantos intelectuales europeos. Entre otros muchos, Adorno, Benjamin, Bloch, Brecht, Croce, Deborin, Gurvitch, Gramsci, Mannheim, Merleau-Ponty, Sartre y Weber, se han ocupado de algunos aspectos de su obra. Thomas Mann y Anna Seghers han mantenido con él una larga y muchas veces polémica amistad. Y su influencia se está imponiendo, sobre todo en los últimos años, a través de muchos críticos, ensayistas e historiadores de la literatura, como Goldmann, Szondi, Hauser, Fischer, Mayer, etcétera. Pero falta todavía un estudio global de su obra, aunque ésta sea hoy ampliamente conocida a través de múltiples traducciones.

Esto hace más difícil ofrecer al lector una síntesis breve de sus aportaciones a la historia y a la estética de la literatura. A pesar de esta dificultad intentaremos destacar alguna de las líneas maestras de su pensamiento en este terreno, aunque sólo sea como un primer acercamiento a una obra tan rica de contenido. Pero digamos antes, muy brevemente, cuáles son los presupuestos ideológicos y metodológicos de Lukács.

Hemos dicho que a partir de la crisis provocada por la guerra del 14, Lukács abandona las influencias filosóficas de su época de formación en la Alemania de la preguerra y, bajo la influencia de Hegel primero y la de Marx después, se adscribió a las corrientes del materialismo dialéctico. Si *La teoría de la novela* es una obra de transición de corte hegeliano, *Historia y conciencia de clase* es ya una franca manifestación del método dialéctico que Lukács considera como «el verdadero método para el conocimiento de la sociedad y de la historia». Su ambición, muchas veces lograda, es la de ampliar, proseguir y profundizar este método según el espíritu de sus creadores. «Lo mismo —dice Ludz— puede aplicarse a sus obras histórico-literarias y estéticas. En este sentido, el predominio del interés metódico es una grapa que sujeta, formalmente, como un todo unitario la obra de Lukács.»[7] Este interés lo hallaremos específicamente declarado en algunos pasajes de sus libros y en muchos de sus prólogos. En *La novela histórica*, una de las obras capitales de su madurez, el autor nos dice: «Los intentos que me he propuesto son de naturaleza teórica (...) Estos intentos determinan los problemas metodológicos de mi libro. Y en primer lugar, como ya he indicado, la selección de materiales... Lo ideal sería, naturalmente, confrontar la elaboración completa del punto de vista teórico con el tratamiento exhaustivo del desarrollo histórico en conjunto. Sólo así llegaría a hacerse evidente para todos la verdadera fuerza de la dialéctica marxista: cada cual podría comprender cómo ésta, en lo más esencial, no pertenece en primer lugar al pensamiento, sino que es el reflejo en el pensamiento del proceso histórico real (...) El segundo punto de vista metodológico, de decisiva importancia, es la indagación sobre las relaciones de recíproca dependencia entre el desarrollo político social, por una parte, y la *Weltanschauung* y la forma artística que surge de ella, por otra.»[8] Estos fragmentos son lo suficientemente explícitos sobre lo que son sus objetivos metodológicos para que sea necesario insistir en ellos. Señalaremos únicamente, porque vemos en ello una clara alusión a la «teoría de los reflejos», la influencia de la teoría del conocimiento

7. Ob. cit.
8. *Der historische Roman*, prólogo.

de Lenin, reconocida por el mismo Lukács: «Lenin ha destacado de una manera general cómo las formas más absolutas del razonamiento (silogismos) son también casos abstractos del reflejo de la realidad. En mi libro he intentado aplicar este concepto a la épica y al drama.» [9]

Precisamente quisiéramos referirnos, en primer lugar, a la diferenciación entre épica y drama como una de las aportaciones personales de Lukács a la teoría de los géneros literarios. La categoría de totalidad y el mundo griego sirven de soporte o punto de partida de su meditación: *La teoría de la novela* es el inicio de una reflexión que se concretará luego en sus escritos de veinte años después en una elaboración teórica de notable originalidad.

Con el hundimiento del mundo griego clásico se perdió su sentido de totalidad; sólo quedaba, de cara a la posteridad, un arte irrepetible y, para el tema que nos interesa ahora, una literatura en sus diversas manifestaciones, esencialmente la epopeya y el drama. Hay en la visión de Lukács toda una mitificación derivada de la valoración del ideal clásico humanístico que animara a Lessing, Herder, Schiller y Goethe, es decir, la ideología del clasicismo alemán. Y el mundo moderno se nos presenta como contraste de la realidad griega y el ideal del clasicismo alemán: «Nuestro mundo se ha vuelto infinitamente grande, y cada rincón es más rico en regalos y peligros que el mundo griego, pero esta riqueza suprime el sentido portador y positivo de su vida: la totalidad (...) La totalidad del ser sólo es posible allí donde ya todo es homogéneo antes de ser abrazado por las formas; donde las formas no son una obligación sino sólo el estado de conoci-

9. Ibid.

miento, el "salir a la superficie" de aquello que había dormitado como una ansia oscura en el interior de las cosas por formar; donde el saber es la virtud y la virtud es felicidad, donde la belleza hace visible el sentido del mundo.» [10]

Ahora bien, este mundo moderno, el mundo capitalista y burgués, ha destruido la totalidad, «el círculo, la perfección del cual significaba la esencia trascendental de la vida». El hombre moderno se nos aparece solitario, segregado de una comunidad ideal, «único portador de la substancialidad, en medio de formas reflexivas».

Con la disgregación del mundo griego cambiaron también los puntos de referencia trascendentales. Y las formas artísticas, sometidas a una dialéctica filosófico-histórica necesariamente distinta para cada una de ellas, se vieron lanzadas a la incertidumbre de un mundo histórico que en su evolución había perdido la coherencia estructural, la totalidad. Pero el drama, y especialmente la tragedia, pudieron sobrevivir más próximos al modelo clásico. ¿Por qué? Según Lukács debido a su apriorismo formal, es decir, a la *intensiva totalidad* de su expresión, a diferencia de la novela —la epopeya moderna que tiende a una configuración de la *totalidad extensiva* de la vida—. ¿Qué quiere decir Lukács con el dualismo *intensividad-extensividad*? La respuesta a esta pregunta nos llevará a la delimitación de las diferencias entre los dos géneros literarios.

«Comienzan por el punto en que es más evidente la oposición entre la novela y el drama, es decir, por el problema del *conflicto*. En la novela no se trata de representar la solución violenta de un conflicto en su forma más extrema y exasperada.» [11] En cambio,

10. *Die Theorie des Romans.*
11. *Der historische Roman.*

ésta es una característica de la intensidad del drama. ¿Pero qué clase de conflictos? «En general, puede considerarse como establecido que el drama tiene como objeto central el conflicto de fuerzas sociales en su punto más extremo, en el punto de máxima tensión (...) Cada verdadera y profunda teoría de lo trágico indica como caracteres esenciales del conflicto, por un lado, la necesidad de la acción en los dos campos en lucha y, por otra, la necesidad de las decisiones violentas de este conflicto (...) El drama ha representado artísticamente las grandes convulsiones, el hundimiento trágico de un mundo. Al final de cada una de las grandes tragedias de Shakespeare vemos un mundo entero que se derumba y el inicio de una época totalmente nueva.»[12] Además, «en el conflicto dramático, la iniciativa individual está situada en primer plano. Las circunstancias que con una complicada necesidad suscitan esta iniciativa, sólo nos vienen indicadas en sus líneas generales».[13] Finalmente, y para acabar de configurar este carácter de *intensividad*, otra de las características esenciales del drama es poner de relieve, en todos los personajes, «aquellos rasgos que en el curso de la historia han sido relativamente más permanentes, más generales, más regulares».[14] Por eso podemos decir que el drama, aun concentrando el reflejo de la vida en la representación de un gran conflicto y reagrupando todas las manifestaciones de la vida en torno a este conflicto, simplifica y generaliza a la vez las posibles posiciones de los hombres frente a sus problemas vitales: la creación artística dramática se reduce a la representación *típica* de la posi-

12. Ibid.
13. Ibid.
14. Ibid.

ción adoptada por los hombres en un momento histórico conflictivo.

Por todo cuanto llevamos dicho y para enlazar con el principio de la relativa permanencia de las formas dramáticas, deberemos dar la razón a Lessing cuando subraya enérgicamente que los principios de la composición dramática de Shakespeare son, precisamente, los mismos de los griegos: «La diferencia es de carácter histórico. A consecuencia del proceso objetivo de complicación histórico-social de las relaciones interhumanas, la estructura del conflicto ha sido más complicada y más compleja en la realidad. La composición del drama shakesperiano refleja esta nueva situación de la realidad con la misma fidelidad y grandeza con que las tragedias de Esquilo y de Sófocles reproducían artísticamente el más sencillo estado de cosas en la antigua Atenas. Este cambio histórico implica un carácter cualitativamente nuevo de la construcción dramática en Shakespeare.» [15]

La exposición de concepto del carácter *intensivo* de la totalidad que intenta expresar el drama nos será útil para poder exponer más brevemente, la característica esencial de la novela, es decir, la epopeya moderna. ¿Qué entiende nuestro autor por *totalidad extensiva?* En primer lugar, a diferencia de la temporalidad dramática *intensiva,* la novela es de una época, a través de la cual ha de estructurar no la «totalidad de movimientos» como el drama, sino la «totalidad de los objetos» [16] es decir, «todo el ambiente de la acción, tanto de la naturaleza como de la sociedad, de las costumbres, los usos y las instituciones», con el fin de producir «la impresión de

15. Ibid.
16. "Totalidad de movimientos" y "totalidad de objetos" son expresiones de procedencia hegeliana.

totalidad del proceso evolutivo de la sociedad». Desde este punto de vista, la novela sería más histórica que el drama: al historicismo general de la esencia del conflicto dramático, contrapondría la novela un historicismo concreto de todos los detalles de la vida. Vista de este modo, nuestra confrontación entre la novela y el drama nos mostraría que el modo de representación de la novela está más próximo a la vida que el del drama o, para decirlo mejor, más próximo a la manifestación normal de la vida. Y volviendo a las consideraciones anteriores deberemos añadir que, a diferencia del drama, la novela moderna —y muy especialmente la del siglo xix— no representa tanto el hundimiento de un mundo antiguo y los inicios de una época nueva, como el proceso de disolución de una sociedad —la burguesa—, más particularmente aún, cada uno de los pasos que conducen a esta disolución: «el objetivo esencial de la novela consiste en presentar la dirección de la dinámica de la sociedad».[17]

Todas estas características de la novela le dan una especificidad más compleja que la del drama: «...la relación del personaje (novelístico) con el grupo social del que forma parte y al que prácticamente representa es mucho más compleja que en el drama. Esta complejidad de las relaciones entre individuo y clase no es, sin embargo, incluso en este caso, un producto de la evolución literaria; por el contrario, todo el desarrollo de las fuerzas literarias (...) no es sino el reflejo de la propia evolución social».[18] Así, mientras el personaje dramático ha de resultar inmediatamente *típico*, sin perder, naturalmente, su propia individualidad, el carácter *típico* de un per-

17. *Der historische Roman,* cap. II.
18. Ibid.

sonaje de novela es, con frecuencia, una tendencia
que se afirma poco a poco y que emerge gradual-
mente del conjunto, de la compleja interdependencia de los hombres, de sus reacciones, de las instituciones, de las cosas, etc., es decir, de la «totalidad de
los objetos». Extensividad *temporal*, extensividad
objetal y extensividad *relacional* son las características más acusadas que confieren a la novela moderna, frente al drama, su carácter de «totalidad extensiva». Nos quedan aún, finalmente, razones históricas precisas determinantes de la fecha de aparición de la novela moderna: ésta, por las características indicadas, «necesita que la percepción del cambio histórico no se limite sólo al destino de los indi-
viduos, sino que se extienda a todas las formas y
aspectos de la vida, cosa que sólo podía ocurrir después de la Revolución Francesa».[19] Así, mientras el
drama ha podido tener una relativa continuidad en
su estructura formal, por todas las razones expuestas anteriormente, las características de la *totalidad
extensiva* de la novela —hechas algunas salvedades—
no aparecen de una manera continuada y como reflejo real de la evolución social hasta dos siglos después que el sentido de la historia quedara ya refle-
jado en los dramas de Shakespeare: Walter Scott
fue, probablemente, el iniciador del concepto de novela histórica en el sentido que Lukács le otorga.

La *totalidad intensiva* del drama nos ha demos-
trado que una de sus características, tanto en lo que
se refiere a sus personajes como en lo que atañe a
las situaciones, es la de la *tipicidad*: en cierta manera, la escasez de medios de que dispone el drama-
turgo y el apriorismo formal del género le obligan,
para entendernos, a una selección característica *típi-*

19. Introducción de Cesare Cases a *Il romanzo storico.* Giulio Einaudi Editore, Turín, 1965,

ca, significativa de los conflictos y de las tensiones, individuales o de su grupo, que se producen a escala social. Ahora bien, la novela, no por el hecho de su distinta configuración como género literario moderno ha de prescindir de la exigencia de *tipicidad.* Si la estructuración del proceso general de la sociedad es *conditio sine qua non* para una novela «verdadera», se trata de mostrar el hombre «completo», «lo socialmente necesario, en lo típicamente individual».[20]

El concepto básico de *tipo* había sido ya iniciado por Lukács en la «teoría de la novela», pero no lo desarrolló hasta muchos años después, especialmente en *Probleme des Realismus* (1955). El origen, no obstante, puede hallarse ya en la definición de «realismo» hecha por Engels en su correspondencia con Miss Harkness: «Realismo significa, aparte de la fidelidad en los detalles, la reproducción fiel de los caracteres típicos en unas circunstancias típicas.» Claro está que la exigencia de tipicidad en la literatura se desprende de toda una concepción del mundo. La opuesta, precisamente, a la «ontología que presenta al individuo aislado *lanzado* en la existencia y que tiene como consecuencia literaria la desaparición de los *tipos* verdaderos, ya que el escritor no puede conocer y describir más que el contraste abstracto entre casos y extremos, ellos mismos abstractos: la banalidad cotidiana y la excentricidad».[21] Contrariamente, el marxismo, más que ninguna otra concepción filosófica anterior, sitúa en el mismo corazón de su estética la preocupación de reflejar la realidad objetiva. Entonces, «todo el fenómeno *típico,* constituye un elemento significativo». ¿Cuál es

20. *Das Problem der Perspektive.* Ponencia presentada en el IV Congreso alemán de escritores (1956).
21. *Wider den missverstandenen Realismus.* Claassen Verlag, Hamburgo, 1958.

el «secreto» —se pregunta Lukács— que permite al escritor crear personajes típicos? Hemos dicho antes que la figura típica no es ni banal, ni excéntrica. «Es necesario para que sea típica que los factores que determinan la esencia más íntima de su personalidad correspondan objetivamente a una de las tendencias importantes que condicionan la evolución social. Un escritor no logrará crear un verdadero tipo si no consigue hacer surgir orgánicamente de una personalidad —en lo que ésta tiene de auténtico y profundo— una realidad social dotada, en el terreno de la objetividad, del más alto valor universal. Y así resulta que un tipo de esta categoría, como son por ejemplo, un Vautrin o un Julien Sorel —los cuales aparecen tal vez, vistos desde fuera, como exagerados o excéntricos— (...) revelan de modo sorprendente los caracteres particulares del *tipo* al cual pertenecen y resumen en ellos mismos los factores determinantes de una tendencia histórica real (...). Y en el momento mismo que los descubrimos comprendemos de una manera directa y evidente, la dialéctica que liga el individuo al tipo general.» [22] Finalmente, pues, «*la novela, lo mismo que el drama, ha de situar siempre en posición central la tipicidad de los caracteres, de las circunstancias, de las escenas, etc.*» [23]

Hemos visto que Engels hacía de la tipicidad de los caracteres y de las circunstancias una exigencia del «realismo», otro de los temas centrales de la meditación de Lukács sobre la literatura. En efecto, sólo es preciso dar una ojeada a la serie de títulos publicados a partir de 1948 —muchos de ellos escritos durante su estancia en Moscú— para darnos

22. Ibid.
23. *Der historische Roman,* cap. II. (El subrayado es mío. J. M. C.)

cuenta de la importancia que tiene para Lukács la estética del realismo. De 1948 son los *Essays über den Realismus* (*Ensayos sobre el realismo*); de 1949, *Der russische Realismus in der Weltliteratur* (*El realismo ruso en la literatura mundial*); de 1951, *Deutsche Realisten des 19. Jahrhunderts* (*Realistas alemanes del siglo* xix); de 1952, *Balzac und der französische Realismus* (*Balzac y el realismo francés*); de 1955, *Probleme des Realismus* (*Problemas del Realismo*); y de 1958, *Wider den missverstandenen Realismus* (*Contra el realismo mal entendido*), más conocido en la Europa occidental por la traducción del título primitivo, *Die Gegenwartsbedeutung des kritischen Realismus* (*Significado actual del realismo crítico*).

Lukács ha tratado, pues, el problema del realismo en literatura tanto de una manera teórica como analítica sobre textos especialmente franceses, alemanes y rusos. Intentaremos dar, someramente, una visión de su concepto del realismo.

Estrechamente ligado a su concepto de la aparición de la epopeya moderna, la novela, Lukács estudia a fondo el realismo burgués de fines del siglo xviii y de todo el xix, relacionándolo con la herencia que va desde los griegos a Shakespeare, antes de proponer sus formulaciones sobre el realismo crítico actual y el realismo socialista. «La herencia clásica significa para la estética aquel arte sublime que describe enteramente al hombre, el hombre total en la totalidad del mundo social.» [24] Como marxista, éste es su interés por los clásicos, ya que el objeto del marxismo es precisamente el hombre en su totalidad: «El objeto del humanismo proletario es restablecer en la propia vida al hombre *total*, al hom-

24. *Essays über den Realismus*, Introducción.

bre completo; hacer cesar en la realidad práctica la deformación y la trituración de la existencia humana, causadas por la sociedad clasista.»[25]

Para Lukács los clásicos griegos, Dante, Shakespeare, Goethe, Balzac, Tolstoi, son todos, en la misma medida, expresiones adecuadas a las singulares grandes etapas de la evolución humana, guías y modelos en la lucha ideológica por la formación del hombre «total».

Estos puntos de vista nos permiten comprender la evolución cultural y literaria del siglo XIX ya que, para dar un ejemplo, los verdaderos continuadores de la novela francesa de las primeras décadas del siglo no han sido ni Flaubert ni Zola, sino la literatura rusa (y la escandinava) de la segunda mitad del siglo XIX. «Traduciendo en términos de estética pura el contraste entre Balzac y la novela francesa posterior, nos planteamos el contraste entre realismo y naturalismo (...) Una parte considerable de los lectores y de los escritores de hoy se han acostumbrado a la alternativa de la moda entre la pseudo-objetividad del naturalismo y la ilusión de objetividad del psicologismo y del formalismo abstracto (...) Pero el realismo no es en realidad una *via di mezzo* entre la falsa objetividad y la falsa subjetividad sino, al contrario, el verdadero *tertium datur* resolutivo frente a los pseudo-dilemas que derivan de los problemas planteados impropiamente (...) *Realismo* significa reconocimiento del hecho que la creación no se funda sobre un abstracto *promedio*, como cree el naturalismo, ni sobre un principio individual que se disuelve a sí mismo y se desvanece en la nada, sobre una expresión exasperada de aquello que es único e irrepetible. La categoría central, el

25. Ibid.

criterio fundamental de la creación literaria realista es el *tipo*, es decir, esa síntesis particular que, tanto en el campo de los caracteres como en el de las situaciones, une orgánicamente lo genérico y lo individual (...) El verdadero realismo describe el hombre completo y la sociedad completa, en lugar de limitarse sólo a ciertos aspectos de los mismos (...) Realismo significa, pues, plasticidad, transparencia, existencia autónoma de los personajes y de las relaciones entre los personajes (...) El problema estético central del realismo es la adecuada reproducción artística del hombre total. Pero como en cada filosofía profunda del arte, el punto de vista estético, pensado coherentemente hasta el final, comporta la superación de la estética pura: el principio artístico, en su más prístina pureza, está saturado de momentos sociales, morales, y humanísticos.» [26]

Hemos reproducido voluntariamente estos largos parágrafos, de la Introducción a los *Ensayos sobre el Realismo,* con la intención de dar una imagen directa del concepto de realismo en Lukács y poner de manifiesto la extrema coherencia de su pensamiento a través de su obra. El concepto de «realismo socialista» de Lukács entronca directamente con el realismo clásico a través de las categorías de totalidad y tipicidad y, por eso mismo, descalifica buena parte de la literatura soviética producida bajo la bandera de un «realismo socialista» de corto vuelo, que no participa del impulso arrebatador de la «gran épica» de los clásicos. La valentía de Lukács en denunciar —si bien es cierto que sólo indirectamente, a veces— el dogmatismo del apriorismo político oportunista de una parte de la novelística soviética, no ha sido siempre bien interpretada. Por otro lado, también

26. Ibid.

el propio Lukács ha pecado en algunos casos de esquemático o mecanicista en sus juicios sobre algunos autores, cosa que le ha valido la prevención de algunos sectores. Pero al fin, su tenacidad, el peso de su obra, y la sugestividad intelectual de sus teorías han acabado por conseguir, si no el asentimiento, sí al menos el respeto por un corpus bibiográfico tan rico en aportaciones originales, no sólo en el campo del marxismo sino también en el de la cultura global de nuestro tiempo.

JUAN GOYTISOLO
CONTRA LA ESPAÑA SAGRADA

I. *La leyenda*

¿Cómo fue posible la invasión de la Península Ibérica, en el año 711 por los musulmanes, cómo pudo derrumbarse de golpe la monarquía visigoda? «La historia —según Américo Castro— no lo dice, pero las leyendas forjaron la respuesta.» Entre estas leyendas figuran los romances modernamente recogidos por Menéndez Pidal y, entre los primeros, los de la destrucción de España y, más concretamente, los de Rodrigo, el último rey godo. Según ellos, Rodrigo violó a una doncella hija del gobernador de Ceuta, el conde don Julián —Ulyan u Olián— (otras leyendas atribuyen la violación a Vitiza, su antecesor), el cual para vengarse traicionó a su rey y a su patria abriendo, desde el puerto estratégico en que se hallaba, las puertas de la Península a las huestes musulmanas. Así, la leyenda atribuyó a la lascivia de Rodrigo el desastre de todo un reino —versión histórica literalmente grotesca de los inicios de un conflicto que duró ocho siglos. Pero la leyenda se convirtió en «historia», así fue incorporada a la *Crónica general* de Alfonso X el Sabio y así fue repitiéndose en los historiadores posteriores, hasta nuestros días.

Por otra parte, al atribuir a los últimos reyes godos la misma sensualidad y la anarquía religiosa de los musulmanes, la restauración de España tenía que inspirarse precisamente en lo contrario y así se hizo sobre la base de la exaltación de la castidad, de la austeridad y del espíritu religioso, virtudes «nacionales» que informaron la Reconquista y pesaron, ya definitivamente, sobre la Historia de España, a lo largo de los siglos, hasta nuestros días.

Nos encontramos, pues, en los orígenes de España con una historia similar a la bíblica del pecado original y el paraíso perdido, en la cual «la manzana sería la belleza de una joven y el papel de Adán correspondería al último rey visigodo: la falta de Rodrigo provocaría el castigo del cielo, es decir, la invasión de los sarracenos que ultrajaría a España durante ocho siglos».

II. *El «tema» de una novela sin argumento*

1. *«Tierra ingrata, entre todas espuria y mezquina, jamás volveré a ti»*: Así empieza la novela de Juan Goytisolo. Un personaje contemporáneo sin nombre, desde un mirador de Tánger, se dirige a su patria, España, a la que distingue «en escorzo, lejana, pero identificable en los menores detalles». Nunca sabremos quién es ese personaje que, a lo largo del libro, en una suerte de discurso agresivo, entre onírico y esquizofrénico, habla, sueña, clama y delira, a pocos kilómetros de la costa española, desde el otro lado del mar. Algo le ha impulsado a

exilarse, pero algo de lo que no puede despojarse, mantiene su vinculación con el país que detesta: la lengua, la palabra. No tiene otra «seña de identidad» que una lengua a la que no puede renunciar —y esa lengua comporta una cultura y una historia. Su discurso, pues, versará sobre ellas, contra ellas, pero se identificará, hasta en la literalidad de los textos, también con ellas.

2. *«La vida de un emigrado de tu especie se compone de interrumpidas secuencias de renuente y laboriosa unidad»*: el lector seguirá los pasos de ese innominado y desocupado personaje, «dueño de su proteico destino» y, por voluntad propia, «fuera del devenir histórico», «libre de seguir sus pasos donde sus pasos le lleven», a través de cortas unidades de una acción casi inexistente y desligada (paseos, incidentes, breves encuentros) que componen episodios que ayudan a configurar la soledad del protagonista, su distanciamiento de la realidad: así, las secuencias de las moscas, del mendigo, de la inyección, de la biblioteca, de los turistas americanos, de la película de James Bond, etc., apareciendo la realidad histórica del momento (la de los años 60) solamente a través de unos programas de televisión. Se diría que ese personaje sin nombre realiza un peregrinaje como el que hubiera podido realizar un Leopold Bloom innominado por una Dublín intemporal y solo —como en el *Ulises* joyciano— una visión de conjunto del libro nos permitirá ir desentrañando sus distintas dimensiones, sus diversos sentidos.

3. *«Y desdoblándote al fin por seguirte mejor, como si fueras otro: ángel de la guardia, amante celoso, detective particular: consciente de que el laberinto está en ti: que tú eres el laberinto: minotauro voraz, mártir comestible: juntamente verdugo y víctima»*: este es el indicio que nos lleva a la sospecha

de que la identidad de nuestro protagonista no podrá ser establecida nunca, no tanto por su voluntad de anonimato, sino por su pluralidad de identidades. A medida que avanzamos en la lectura, empezamos a comprender que la tentación inicial de identificar al personaje innominado con el propio novelista, más que inexacta es insuficiente. La identificación sería errónea si considerábamos al protagonista como el héroe de cualqueir obra narrativa tradicional, al «bueno» que desvela e increpa, desde su lejanía, a todo lo «malo» que su país encierra. Por el contrario, el protagonista, sabe que él *también* es un novelista español llamado Juan Goytisolo que escogió el destierro hace quince años y que ha vivido largas temporadas en Tánger. Pero sabe que ésta no es más que *otra* de sus posibles identidades, porque, finalmente, todos los compatriotas suyos que desfilan por las páginas de la novela y los que no aparecen por ella son, de un modo u otro, su propia identidad, es decir, que él mismo es Tonelete —Ubicuo— Séneca, como es el periodista —Figurón— Caballero cristiano; y como es Vitiza y Rodrigo, Alfonso X el Sabio e Isabel la Católica o cualquiera de los innumerables escritores de los que la novela toma prestados textos, de Cervantes a García Lorca, de Gonzalo de Berceo a Blas de Otero; y don Julián, naturalmente.

4. «*Anulando de golpe el orden fingido, revelando la verdad bajo la máscara, catalizando tus fuerzas dispersas y los donjulianescos proyectos de invasión: traición grandiosa, ruina de siglos: ejército cruel de Tariq, destrucción de la España sagrada*»: sí, porque no hay traición si no se pertenece a la raza, a la patria, al «cuerpo», a una colectividad maldita que empuja a ella, como no hay «pecado original español» para un extranjero, ni siquiera para

85

los inductores, los bereberes, Muza o Tariq, los invasores. La recuperación de la identidad del nuevo don Julián sólo puede manifestarse a través de una nueva traición que abrirá las puertas a la destrucción, a una auto-destrucción que ha de culminar en la Nada: el único camino de la redención para «comenzar a cero». Un joven poeta español, Leopoldo María Panero, ha escrito recientemente: «Todas mis palabras son la misma que se inclina hacia muchos lados, la palabra *fin,* la palabra que es el silencio, dicha de muchos modos. Porque es un *fin* que incluye a todos en la única tragedia a la que sólo se puede contemplar participando en ella (...) Es un *crepúsculo activo*: es un asesinato». Nuestro protagonista ha comprendido su destino: desde su extraña impersonalidad, en su ir y venir por Tánger, acompañado, guiado por el joven Tariq, su corruptor, de pronto siente estallar en él la gran verdad de su odio, «la patria es la madre de todos los vicios: y lo más expeditivo y eficaz para curarse de ella consiste en venderla, en traicionarla». Todo le designa a él como nuevo don Julián, como traidor, como redentor, como asesino, como salvador.

5. «*Abrirás el libro del Poeta y leerás unos versos mientras te desnudas: después tirarás de la correa de la persiana y sin una mirada para la costa enemiga, para la venenosa cicatriz que se extiende al otro lado del mar: el sueño agobia tus párpados y cierras los ojos: lo sabes, lo sabes: mañana será otro día, la invasión recomenzará*»: así termina el libro. Sin una sola mirada para la costa enemiga, quizás Julián se acostará de espaldas a ella —de espaldas, como mueren los traidores—, antes de perpetrar el asesinato, de consumar el crimen. El ciclo se habrá cerrado y recomenzará la historia después de doce siglos largos de interrupción: he aquí una esperanza-

dora conclusión, si no fuera que el libro de Goytisolo permite otra lectura y otra conclusión para un español, es decir, que un ciclo se cierra para comenzar un nuevo período de anti-historia, que la nueva invasión levante de nuevo las huestes de la Reconquista y que durante doce siglos más la castidad, la austeridad y el espíritu religioso configuren la España del futuro. Pero no será así, no puede ser así. Algo importante se nos ha escapado en esta revisión, es decir, el tema mismo de la novela, la historia de su creación. «Toda obra, toda novela cuenta, a través de la trama argumental, la historia de su propia 'creación, su propia historia. Obras como las de Laclos o de Proust no hacen más que explicitar una verdad subyacente a toda creación literaria. Así se pone de manifiesto la inanidad de las búsquedas del "sentido último" de tal novela o drama; el sentido de una obra consiste en hablarnos de su propia existencia... pues la existencia misma de la novela es el último eslabón de su intriga y allí donde termina la historia contada, la historia de la vida, allí exactamente empieza la historia literaria».[1]

III. *La historia de la novela*

1. *«Falta el lenguaje, Julián»*: en efecto, no basta con la destrucción física de la España sagrada a la que abre las puertas la traición del nuevo don Julián. Precisamente porque —como hemos visto al empezar la novela— lo único que le queda en propiedad de su pasado es su lengua —perdida toda otra seña de identidad— nuestro innominado per-

1. T. Todorov: *Littérature et signification.* Seuil, París, 1969.

sonaje sabe muy bien que, en la medida en que la lengua es el «espíritu que encierra las esencias sagradas» de un pueblo, no lo destruirá de raíz si no destruye su lengua mítica, el lenguaje de un país irreal, inventado mitificado desde su primera violación por los musulmanes. Hay que librar la lengua también a las huestes invasoras, para que, por una parte, recuperen lo que prestaron al castellano (¡tantas y tantas palabras de origen árabe, cuidadosamente inventariadas por lingüistas y gramáticos: *aljibez* y *albercas; almacenes* y *dársenas; alquerías* y *fondas; alcobas, alacenas* y *zaguanes*...»!) [2] y para que, por otra, dejen al descubierto, definitivamente, las derivaciones, corrupciones y resquebrejaduras de la lengua, especialmente a través de su contacto con la América hispana, celosamente ocultadas, demostradas y proscritas por los guardianes de la pureza del castellano: «*mía paeso, pero, qué babbaridá compai, que viene ette gaito con su cuento de limpia, fija y desplendol y tiene la caradura de desille aúno, a menda, a mi mimmo, asien medio de la conversadera y too que no se puée desil luse...*»

2. «*Paralizar la circulación del lenguaje: chupar su savia: retirar las palabras una a una hasta que el exangüe y crepuscular edificio se derrumbe como un castillo de naipes*»: no hay invasión —ni salvación— eficaz si no se cumplen todos los requisitos, todo el ritual de la destrucción del lenguaje. Finalmente, es lo que más importa, es el tema, la historia de la novela, que utiliza el lenguaje para su propia descomposición: «La implacable intención crítica de Goytisolo —dice Carlos Fuentes, en un lúcido ensayo al que volveremos a referirnos en seguida [3]— es demos-

2. Vid. págs. 196-7 de la edición original.
3. "Juan Goytisolo: la lengua común", en *La nueva novela hispanoamericana*. Editorial Joaquín Mortiz, México, 1969.

trar la falsedad y corrupción del tradicional lenguaje literario español y demostrar en qué medida las
instituciones morales, económicas y políticas de España se fundan en la consagración de una retórica
en la que los valores de la "pureza" y del "casticismo" justifican una cultura cerrada y un sistema de
dependencias y relaciones de sumisión». Para ello
hay que destruir, destruir hasta los cimientos más
profundos, e intentar la creación de un lenguaje nuevo, lo que —en el caso de Goytisolo— significa intentar hacer de la novela el instrumento de esa doble
operación.

Volvamos a Fuentes: «La historia de América La-
tina es la de una desposesión del lenguaje: poseemos sólo los *textos* que nos han sido impuestos para
disfrazar lo real, debemos apropiarnos los contextos.
Para el español, por lo contrario, el problema no es
poseer una lengua, si no des-poseerse de ella, renunciar a ella, hacerse extranjero a su lengua, recobrar
un desamparo que, de nuevo, convierta a la lengua
en un desafío y en una exploración, como lo fue para
Cervantes, Rojas o Góngora.» Esa es la tentativa de
Goytisolo: recobrar un desamparo —a través de la
destrucción— para acceder de nuevo a la creación,
a la redención —a través del desafío y de la exploración, es decir, de la experimentación. Siempre a lo
largo de una profunda meditación sobre su historia y sobre su lengua, Goytisolo se une a la búsqueda
metódica y formal de los escritores contemporáneos
para forzar, para violar las viejas estructuras lingüísticas que no sólo son reflejo de un mundo acabado, sino también obstáculo primero para la imposición de una verdadera semántica revolucionaria.

3. «*Con los versos miríficos del poeta incitán-
dote sutilmente a la traición: ciñendo la palabra,
quebrando la raíz, forzando la sintaxis, violentándo-*

lo todo»: para despojar al lenguaje de su función en-
vilecida de transmisor del fantasma de las cosas,
para intentar recobrar para la lengua su función
autónoma, regida por sus propias leyes. «Las palabras no son simplemente los nombres transparentes
de las cosas (...) hay que hacer salir al lenguaje de
su transparencia ilusoria» (Todorov). Esta es la primera tentativa de la novela de Goytisolo, que se
reviste de una leyenda, para embestir a traición el
lenguaje cosificado de la literatura española de hoy:
forzar el lenguaje, dislocarlo, desarticularlo, buscando una dinámica extremadamente móvil y flexible.
Se trata de aspirar a un lenguaje creador, polivalente, totalizador, en una tentativa de pasar de la significación literal, contextual, a otra cosmoverbal:
«...del coño / emblema nacional del país de la coña
/ de todos los coñones que se encoñan con el coñes-
co país de la coñífera coña donde todo se escoña
y descoña y se va para siempre al sacroñísimo Coño
/ del Coño / símbolo de vuestra encoñante y enco-
ñecedora coñadura coñisecular / de la coñihonda y
coñisabidilla coñería de la archicóñica y coñijunta
coñición coñipresente / del Coño, coño!».

4. «*Eglogas, odas patrióticas, sonetos de quin-
taesenciada religiosidad! (...) poemas, eructos espi-
rituales, borrignios anímicos: cuánto Parnaso en sal-
do y Academia en venta!*»: «*flatus voci* y gesticula-
ción» —como dice Américo Castro— que se han incorporado al lenguaje común, que lo han devorado,
que se han convertido ellos mismos en nuestra literatura arterioesclorótica... No es posible una destrucción del lenguaje, sin la destrucción de su expresión escrita, la literatura. Por ello, Goytisolo incor-
pora textos de ocho siglos de literatura castellana a
su novela. ¡Qué mejor crítica que el *collage* de innumerables citas mezcladas al texto, perdidas en él,

sin otras señas de identidad que su misma gratui-
dad, que su propia inania, que su vacuidad grotesca! Se trata de la *intertextualidad* definida por Julia
Kristeva como «el índice del modo en que un texto
lee la historia y se inserta en ella». Philippe Sollers
añadirá que «esto significa principalmente que un
texto se escribe con textos y no solamente con frases
o con palabras (...) Un texto de este tipo no se "inspira" en otros textos, no tiene "fuentes": los relee,
los reescribe, los redistribuye en su espacio; describe las junciones, los fundamentos a la vez formales
e ideológicos que utiliza para su propio *asiento*».
Goytisolo utiliza la intertextualidad porque su protagonista, como todos nosotros, vive inmerso en
ella: su identidad lingüística —del mismo modo que
su identidad personal— es negativamente plural y
del mismo modo que asume las máscaras de sus compatriotas hasta la saciedad, asume sus palabras hue-
cas, retóricas, vacías. El texto mismo de la novela se
convierte así en «agresión y exploración» (Carlos
Fuentes), en destrucción y creación.

Por otra parte, la intertextualidad es un discurso
polivalente ya que presenta, a la vez, varias relaciones de referencia. Cada vez más, la literatura contemporánea advierte que el discurso de un autor se refiere a otros discursos anteriores, lo cual quiere decir
que inevitablemente la literatura se basa en la misma
literatura, antes que en el «referente» que es la realidad: cuando el discurso connotativo se refiere críticamente a un texto anterior, no sólo no hay plagio
(término despectivo de la vieja retórica) sino que se
produce una bivalencia: «este diálogo de un texto
con otro, desempeña, según las épocas, un papel más
o menos importante. Una determinada corriente literaria hace incluso de él su principio básico. Ligado
a una filosofía de la ironía, el discurso connotativo

es, en los románticos alemanes, no solamente un pastiche de otros textos, sino también de sí mismo».[4] En la novela de Goytisolo, este discurso es básico. Recordemos que al narrador de *Reivindicación del conde don Julián* sólo le queda ya su lengua y, con ella, los textos —obras literarias o históricas— escritas desde que existe la lengua castellana. Se ha separado, en cambio, del «referente», la patria real. Por lo tanto, sólo a partir del discurso puede atentar contra el «referente» a destruir y, a su vez, desde las nuevas parcelas ganadas al discurso anterior, luchar contra éste en tanto que es expresión o transparencia de la realidad. Es evidente que sólo en muy pocos casos, a lo largo de la historia de la literatura, nos ha sido ofrecida una «forma» literaria tan coherente consigo misma como la que nos propone Goytisolo en esta novela.

5. *«¿El niño?: ¿qué niño?: tú mismo un cuarto de siglo atrás»*: tú, segunda persona del singular, pronombre de conjugación, impulsión que abre camino a la escritura. Técnica narrativa que frente a la subjetividad de la primera persona y la impersonalidad de la tercera establece un campo dialéctico en el que el narrador es a la vez el «personaje emisor» y el «personaje receptor» (J. Peytard). Pero, tú, ¿quién?: tú, España —«jamás volveré a *ti*»—; tú, pueblo español —«adiós tricornios de charol, y *tú*, pueblo que los soportas»—; *tú* narrador innominado —«sin reclamar *tu* puesto en el nada eucarístico banquete»—; tú, Julián —«únet*e* a ellos, Julián»—; tú, Juan Goytisolo, niño veinticinco años atrás, también violado, sodomizado por Séneca —Tonelete— Ubicuo, y por Julián, como todos nosotros. El *tú* es, por

4. T. Todorov: *Qu'est-ce que le structuralisme?* Seuil, París, 1968.

excelencia, la técnica narrativa para una novela en la que no hay un protagonista sino multitud de personajes psicológicamente inconsistentes que surgen, desaparecen y se metarfosean según las necesidades o conveniencias retóricas del texto.

En la narración en segunda persona, el relato puede extenderse a lo largo de todas las digresiones que el autor crea necesarias, porque siempre quedará incluido en el pseudo-diálogo doloroso y lancinante, irónico o sarcástico, que el narrador establece consigo mismo. Por otra parte, facilita la ausencia de verosimilitud tan funesta para los narradores que buscan el contacto con el «referente»: el discurso ambivalente provocado por la segunda persona facilita la ruptura con lo verosímil, esa reducción de lo posible que representa una restricción cultural y arbitraria entre los posibles reales y, por lo mismo, es siempre, de entrada, una censura para la imaginación (Christian Metz). Frente a la obra abierta, lo verosímil representa la obra cerrada, conclusa en sí misma. La verdadera revelación —nos dice Todorov— debe obedecer a dos imperativos: ser posible e inverosímil.

Por último, la segunda persona exige un tiempo que, fundamentalmente es el presente: es decir, la coincidencia del acontecimiento descrito con la instancia del discurso que lo describe (Benveniste). Por ello, Goytisolo utiliza casi exclusivamente el presente, puesto que cuando lo hace en futuro («lo que acontecerá sin duda esta tarde...») no es más que presente proyectado hacia el porvenir y, como dice Benveniste, también, ese futuro implica prescripción, obligación, certidumbre («*sin duda*»), que son modalidades subjetivas y no categorías históricas.

IV. *Conclusión*

He dicho, al principio de estas páginas, que esta obra de Juan Goytisolo admite o exige una pluralidad de lecturas: ello es debido a que, a la vez que novela, este libro es también poesía, crítica literaria, psicoanálisis nacional, crítica social, interpretación histórica, etc., y, también, a que Goytisolo ha optado por una escritura completamente abierta, que permite la lectura a distintos niveles. La gran densidad cultural de esta novela, nunca gratuita, facilita una lectura múltiple: un lenguaje rico en alusiones y una ambigüedad deliberada sitúan al lector ante numerosas opciones, sin que le sea necesario decidirse por una de ellas.

Me permitiré concluir diciendo que, si bien la historia es el *mito* del libro, el lenguaje es su *tema*. La agresión de Goytisolo contra el lenguaje petrificado de la literatura española contemporánea es el mayor esfuerzo hecho por un escritor de nuestros días para redimir una lengua fosilizada por siglos y siglos de estática social, producto de ese extraño balanceo histórico español en el que todo lo que se avanza, se retrocede a continuación, para proseguir como estaba. La tentativa de Goytisolo consiste, en definitiva, en denunciar los cambios aparentes de las cosas, reduciéndolas a una problemática de lenguaje y demostrándonos que, del falangista José Antonio al socialista Blas de Otero o, si se quiere, de Unamuno a Machado, todos escriben igual, es decir, que aunque no quieran decir las mismas cosas, la entraña del lenguaje les obliga a una complicada retórica para evitar acabar por decir lo mismo: la lengua que emplean y que imponen como *koiné* es el monopolio y la característica de la espiritualidad cristiana vieja que ha impregnado la historia de España desde hace doce siglos. La destrucción de los viejos mitos debe partir del análisis y denuncia del lenguaje. Sólo se puede violar el orden moral impuesto por las clases dominantes, violando su canon literario, sacralizado. Así, la «traición» del nuevo don Julián tiene que hacerse a través de un lenguaje polisémico, totalizante (moral, patriótica, sexualmente). Frente a esta polisemia del discurso «juliano» —que acumula connotaciones y ofrece al lector pluralidad de significados, es decir, libertad de opción— la univocidad o la monosemia equivalen a una reducción: son represión y censura.

Juan Goytisolo, con *Reivindicación del conde don Julián*, se convierte en el gran escritor *maldito* de la España de nuestros días. Después de este libro, un gran silencio, desde la derecha hasta la izquierda, se abatirá sobre él. Si su anterior novela *Señas de identidad* había motivado infinidad de irritaciones, la presente no puede provocar más que silencio: un silencio momentáneo, mientras germinan las ideas de destrucción y «traición» que contiene.

IDEOLOGIA DE JOSEP PLA

El discurso de Josep Pla es, básicamente y desde el origen, ideológico. No lo digo en el sentido genérico en que Marx se refería a la producción cultural, definiéndola en conjunto como ideológica, sino en un sentido más literal: la obra planiana es explícitamente ideológica, del principio al fin de cada una de sus páginas, ya que expone, en un discurso repetitivo y en apariencia inextinguible por su vastedad, una «concepción del mundo», haciendo su constante apología y sin rehuir la discusión con otras diferentes u opuestas. No oculta, como otros escritores, su pensamiento tras proposiciones míticas o simbólicas; antes bien, a través de su medio expresivo básico, es decir, de la prosa narrativa no imaginativa, intenta exponer unas «ideas generales», una *imago mundi*, cuya definición intentaremos en las páginas siguientes. Tan típicamente ideológico es el discurso planiano, que hallaremos su caracterización en cualquiera de los manuales corrientes: «...el discurso ideológico ha de ser un *sistema*. Se ofrece a la adhesión, debe demostrar su validez, especialmente por hallarse de ordinario en polémica con otros. Se dirige a agentes, a sujetos existentes o eventuales: *no es tanto un conjunto de nociones, como una masa de argumentaciones.*» *

Desde este punto de vista, la obra de Pla se ajusta a lo que es típico de cierto comportamiento de las ideologías: se manifiesta como lo haría un orador cuyo interés por ganarse al público le obligara a apoyarse en un consenso previo, que se esforzará, después, en confirmar y extender. Así, el discurso de Pla, sobre unos supuestos no demasiado numerosos ni complejos, se desarrollará, obstinado y persuasivo, buscando el convencimiento del lector y la imposición de un punto de vista sugestivo por su coherencia, por su lógica interna y porque, en definitiva, se basa en un «sentido común» tradicional, de cierta resonancia popular, apoyado en una herencia cultural, cuidadosamente escogida entre unos clásicos determinados.

El discurso de Pla es obviamente ideológico, por cuanto persigue la transmisión de una ideología, en el sentido más extenso y más históricamente aceptado del vocablo. No es preciso recurrir aquí a la larga teoría de definiciones de la ideología, legadas por los pensadores a partir del Siglo de las luces, desde Voltaire hasta Mannheim, pasando por Marx y sus discípulos. Sea como «sistema de interpretación del mundo social» (Aron), como «sistema de opiniones empeñado en determinar las actitudes y los comportamientos de los hombres» (Schaff) o, en una reciente formulación de Althusser, como «sistema de

---

* Fernand Dumont, *Les idéologies.* PUF, París, 1974, pág. 113. (El subrayado es mío. J. M. C.)

97

representaciones dotado de una existencia y de un papel histórico en el seno de una sociedad determinada», los contenidos de la obra planiana se conforman como ideología con voluntad explícita de ser transmitida y de imponer al lector una visión del mundo.

Su exposición no exige interpretaciones personales más o menos arriesgadas o atrevidas: Pla es siempre explícito cuando trata de definirse o de definir su obra. No precisa de subterfugios ni vacila en calificarse. Es perfectamente lúcido respecto a sus intenciones y, quizás, sólo se equivoca en cuanto al alcance de la recepción dispensada a su concepción del mundo. Quiero decir que la firmeza de su convicción parece inducirle a olvidar que una ideología no es válida por siempre y, sobre todo, para todos. Sin esta convicción, no obstante, su obra no sería tan sugestiva ni tan contundente. La seguridad con que entrega su mensaje al lector es un ingrediente fundamental de su fuerza persuasiva. Pese al escepticismo y al relativismo que predica, la obra de Pla contiene una apariencia dogmática, probablemente más atribuible a la fuerza de la escritura que a su actitud personal. Porque, finalmente, Pla es un liberal a la antigua, conocedor y practicante de las excelencias de cuanto él mismo define con los viejos conceptos del libre albedrío y del libre examen.

Dicho esto, podemos aproximarnos a los textos planianos para intentar la delimitación de su ámbito ideológico con las propias palabras del autor. Señalemos, por de pronto, algunas de sus manifestaciones previas, en especial las referentes a la capacidad de poseer una visión global y a la construcción literaria de un mundo. Pla dice, en *El quadern gris:* «Una mena de tendència espontània em porta a passar de les coses petites i primàries a les idees generals»

(1, 637).[1] Esto, inteligible en el lenguaje habitual como predisposición a «generalizar» —en una conversación, en la elaboración del pensamiento—, en el caso de una obra escrita, apoyada en una extensa y profundizada cultura, da como resultado una tendencia a manifestarse en términos de totalidad y, en consecuencia, a intentar la construcción de un mundo donde las interrelaciones de sus componentes forman un tejido denso, sólido y estructurado que reproduce, de una u otra manera, la complejidad del mundo real. Tanto más cuanto que este mundo, cuya edificación se intenta, es una transposición del propio: «...quan Carles Soldevila escriví, en un dels seus articles, que jo em proposava donar una *imago mundi*, una imatge del món viscut per mi, constatà un fet» (2,8).[2] No obstante, los resultados van más allá de los propósitos, porque en el caso de Pla no es cierto que la tentativa se limite a una descripción del mundo propio, más o menos reducido, como el de cualquiera; antes bien, la tendencia «a referir las cosas a ideas generales» otorga a esta obra una ambición que sobrepasa la simple reproducción, la copia: la obra planiana es una continua interrogación sobre el mundo y, a la vez, una respuesta, lo cual quiere decir una cosmovisión, es decir, una concepción y una interpretación del mundo. Ni que decir tiene que tal cosmovisión no se presenta de forma organizada y sistemática, sino dispersa y dilatada a lo largo de toda una vasta obra. Pero

1. "Una suerte de tendencia espontánea me lleva a pasar de las cosas pequeñas y primarias a las ideas generales." (Las cifras que figuran entre paréntesis indican el volumen y la página de la edición definitiva de la *Obra completa*, Edicions Destino, Barcelona, a partir de 1966.)
2. "...cuando Carles Soldevila escribió, en uno de sus artículos, que yo me proponía dar una *imago mundi*, una imagen del mundo vivido por mí, constató un hecho."

no por poco sistemática es menos completa: de hecho, la vastedad de la obra facilita un discurso totalizador del que no escapa ningún tema básico dominante en la vida de los hombres. En síntesis, este discurso existe ya en *El quadern gris*. No obstante, se va completando y enriqueciendo a lo largo de los años y a través de millares de páginas. A la postre, observando el conjunto de la obra, sorprende la amplitud de su visión: nada de lo mundano le es ajeno, pero sólo le interesa lo que pertenece al mundo.

La actitud inicial de apasionada curiosidad por el mundo, no excluye el reconocimiento de su complejidad y contradicción: «El món és agradable, però és lleig. El món és fascinador, però és horrible. En aquest món impera el caràcter, no la bellesa» (20, 396).[3] Esta actitud es materialista, en el sentido literal del vocablo —la atribución de la realidad a la materia—; pero también se da como contraposición a cualquier planteamiento idealista o metafísico de la vida, sistemáticamente rechazado por Pla. Y es vitalista, asimismo, de una manera explícita: «L'important és la vitalitat: per a gaudir o per a sofrir» (12, 19).[4]

Esta última característica es básica para comprender el aliento —y tal vez el alcance— de la obra planiana. Se aprecia un componente biológico y sensual, derivado del peso de la naturaleza en su concepción de la vida y del mundo. Referida al oficio de escritor, la formulación de Pla es la siguiente: «La creació literària, com totes les coses d'aquest món, està molt afectada per la vitalitat de qui la porta a cap. És el mateix procés de la germinació

3. "El mundo es agradable, pero es feo. El mundo es fascinador, pero es horrible. En este mundo impera el carácter, no la belleza."
4. "Lo importante es la vitalidad: para gozar o para sufrir."

vegetal en relació amb la terra. Les terres més aptes són les que tenen més adobs, més fems i alhora les més grasses i ben regades. Els pagesos diuen: "A aquest camp, li faltem fems. És un camp massa mineral, que no engreixa res." D'alguns escriptors —pobre de mi!— es podria dir el mateix. Els falten fems, l'esterilitat mineral és excessiva» (12, 123).[5] A juicio de Pla, la imagen de los procesos naturales es la imagen misma de la creación, en todos los órdenes de la vida. Y como consecuencia de su concepción materialista, afecta incluso el terreno de la moral o de la intimidad de los hombres: «Les persones febles —llegeixo a les *Màximes* de La Rochefoucauld—, les persones febles no poden ser sinceres. L'observació em sembla exacta, d'una obvietat perfecta. És el mateix que diu Dostoievski: per a sofrir s'ha de ser molt potent» (12, 19).[6]

El materialismo de Pla rechaza las aventuras irracionalistas, de igual modo que se rebela contra los planteamientos idealistas. Pla practica un racionalismo de «sentido común» —entendido como conjunto de «nociones» comunes, de «verdades» evidentes por sí mismas, casi siempre relacionadas con la naturaleza—, con unos límites perfectamente establecidos. Se trata de los límites impuestos por el

5. "La creación literaria, como todas las cosas de este mundo, está muy afectada por la vitalidad de quien la lleva a cabo. Es el mismo proceso que la germinación vegetal en relación con la tierra. Las tierras más aptas son las que tienen más adobos, más estiércol y, a la vez, las más pingües y bien regadas. Los payeses dicen: «A este campo le falta estiércol. Es un campo demasiado mineral, que no engorda nada». De algunos escritores —¡pobre de mí!— se podría decir lo mismo. Les falta abono, la esterilidad mineral es excesiva."

6. "Las personas débiles —leo en las *Máximas* de La Rochefoucauld—, las personas débiles no pueden ser sinceras. La observación me parece exacta, de una obviedad perfecta. Es lo mismo que dice Dostoievski: para sufrir se tiene que ser muy potente."

paisaje o por la geografía a escala humana —de comunidad natural—, por el trabajo, por la sucesión del tiempo, por la propiedad de la tierra por la economía de mercado. Cuando Pla nos habla de la vista abarcable por el ojo humano, desde el cerro del Pedró hasta Pals, hace referencia al «paisaje agrario de la razón». Su racionalismo rechaza cuanto no sea terrenal. Agnóstico, no entiende la religión, de igual modo que no participa de ningún otro sistema de creencias: «No tinc pas gaire tendència a creure en res, i en mar menys» (2, 636).[7] En todo caso, cree que la religión en Catalunya se identifica esencialmente con su signo visible, la Iglesia, institución potente y dominadora: «Quina força té l'Església. Ho digereix tot» (1, 528).[8]

Respecto a los representantes de la Iglesia, su actitud es diversa y se manifiesta en multitud de ocasiones. Tenemos, en primer lugar, la constatación de la abundancia de curas y su constante presencia: «Quants capellans, Déu meu! Tot en el país és capellanesc. La religió entera és clericalisme. No hi ha cap religió, no hi ha cap moral; només hi ha capellans... i frares» (9, 297).[9] Sin embargo, un sector de sacerdotes vive en contacto con la gente y, al margen de su misión espiritual, forma parte de la comunidad en la cual, de una u otra manera, no sólo se integra, sino que cumple cierta función social: «En els pobles, els capellans viuen amb la gent. Això és important. Tota la resta no és res» (23, 34).[10] A pesar de

7. "No tengo mucha tendencia a creer en nada, y en el mar, menos."
8. "¡Qué fuerza tiene la Iglesia! Lo digiere todo."
9. "¡Cuántos curas, Dios mío! Todo en el país es sotanesco. La religión entera es clericalismo. No hay religión, no hay moral; sólo hay curas... y frailes."
10. "En los pueblos, los curas viven con la gente. Esto es importante. Todo lo demás no es nada."

todo, ve en los curas, como en la religión institucionalizada, un peso muerto, una herencia ancestral, un
lastre inútil convertido, en el mejor de los casos,
en un hábito, en una costumbre social: «Entro a
missa d'onze. La impressió que causen molts dels
qui l'oeixen és d'una certa, general, indiferència. És
la missa de les persones benestants. El qui no mira
satisfet, les seves pròpies sabates, tan lluents, mira
el sostre, o la cara d'una senyora veïna, o les ungles
de les seves mans, o els colors de confitura que baixen del rosetó. La presència forma part del programa dominical —com l'arròs de peix del dinar i el
tortell de cada diumenge» (1, 380).[11]

Este materialista ateo en modo alguno es un revolucionario —huelga decirlo—. Es, más bien, un
tradicionalista y un conservador, como veremos en
seguida. En todo caso, tiene unas raíces liberales que
acaso se deban a cierta tradición local, o a su admiración por el republicanismo ampurdanés, «demòcrata i modest, obert i comprensiu, construït sobre
dues tendències molt fixes: intangibilitat de la propietat privada i intangibilitat del lliure pensament»
(7, 196).[12] Tradicionalista, más que por convicción
—tratándose de una ideología abundante en connotaciones histórico-políticas desagradables para él—
lo es por negación: «...sóc un home tradicional (...)

11. "Entro en misa de once. La impresión que causan muchos oyentes es de una cierta, general, indiferencia. Es la misa
de las personas acomodadas. Quien no mira, satisfecho, sus propios zapatos, tan brillantes, mira el techo, o la cara de una señora vecina, o las uñas de sus manos, o los colores de confitura
que bajan del rosetón. La presencia forma parte del programa
dominical —como el arroz de pescado del almuerzo y el roscón
de todos los domingos."
12. "Demócrata y modesto, abierto y comprensivo, construido
sobre dos tendencias muy fijas: intangibilidad de la propiedad
privada e intangibilidad del libre pensamiento."

que no he cregut mai en el progrés» (22, 25).[13] Conservador, sí lo es por convicción, pues no cree que exista otra forma civilizada de producirse: aquí, no obstante, es preciso ceder la palabra al propio Pla, pues sobre este tema se ha extendido abundantemente.

Su primer punto de referencia, como en tantos otros aspectos de Pla, es la naturaleza: «...jo sóc un conservador, perquè sempre m'ha semblat absurd que els homes afegeixin les seves facultats intel·lectuals i la seva força material a l'incessant treball de destrucció que realitza constantment i implacablement la naturalesa. No hi ha necessitat, em sembla, de matar prematurament i abans d'hora ningú, si la naturalesa es dedica a aquesta feina d'una manera tan ordenada i perfecta» (11, 280).[14]

Más elaboradamente —si bien sobre el cañamazo de la reflexión anterior y la del paso del tiempo— se expresa Pla en un ensayo titulado, precisamente, «Porque soy conservador»: «Si el diner es volatilitza i les dones passen i els homes s'esbraven i tendeixen al repapieig; si l'equilibri microbià de la nostra vida és tan precari i incert, si tot, pel mer fet d'existir, està destinat a la destrucció i la ruïna, si de tantes coses bones a penes n'existeix el record, i, de les més belles, ni el record no n'existeix, si tot passa avall per la cantonada de la fugacitat i de l'oblit... com és possible de sospitar que hom pugui deixar

13. "...soy un hombre tradicional (...) que no he creído nunca en el progreso."
14. "...yo soy un conservador, porque siempre me ha parecido absurdo que los hombres añadan sus facultades intelectuales y su fuerza material al incesante trabajo de destrucción que realiza constante e implacablemente la naturaleza. No es preciso, creo, matar prematuramente y antes de tiempo a nadie, si la naturaleza se dedica a esta labor de una manera tan ordenada y perfecta."

d'ésser conservador? La demència de la nostra fantasmagoria, no hauria de tenir un límit?» (24, 293).[15] La respuesta racional y lúcida frente a la destrucción congénita en la naturaleza y en el paso desolador del tiempo es el trabajo humano, lo que llamamos civilización: «...la civilització pretén ésser, sospito, un esforç per retardar, en el possible, la destrucció ineluctable de les coses, per construir-ne d'altres que facin més suportable l'existència. Davant d'una naturalesa que porta en la seva arrel mateixa la devastació de tot el que no s'ajusta als seus encegats instints, l'empresa de la civilització és una alta, magnífica, heroica empresa» (24, 293).[16]

Los argumentos de Pla no son en ningún caso políticos. Y, sin embargo, al hablar del tema de su conservadurismo, todo el mundo piensa fundamentalmente en una actitud y unas razones políticas que informan su obra. Creo que se trata exactamente de lo contrario: una determinada concepción del mundo ha llevado a Pla a tomar una postura conservadora, derechista e incluso, en no pocas ocasiones, abiertamente reaccionaria. Sin olvidar, no obstante, que en las actitudes políticas juegan factores

15. "Si el dinero se volatiliza y las mujeres pasan y los hombres se desahogan y tienden a la chochez; si el equilibrio microbiano de nuestra vida es tan precario e incierto, si todo, por el mero hecho de existir, está destinado a la destrucción y a la ruina, si de tantas cosas buenas apenas existe el recuerdo y, de las más bellas, ni el recuerdo existe, si todo desaparece por la esquina de la fugacidad y del olvido... ¿cómo es posible sospechar que uno pueda dejar de ser conservador? La demencia de nuestra fantasmagoría ¿no tendría que tener un límite?"

16. "...sospecho que la civilización pretende ser un esfuerzo por retardar, en lo posible, la destrucción ineluctable de las cosas, para construir otras que hagan más soportable la existencia. Frente a una naturaleza que lleva en su propia raíz la devastación de todo lo que no se ajusta a sus ofuscados instintos, la empresa de la civilización es una alta, magnífica, heroica empresa."

personales, temperamentales y caracterológicos imprevisibles. Si no fuera así, el análisis de los marxistas vulgares produciría unas consecuencias mecánicas ineluctables, no siempre ciertas. Desde este punto de vista, diría que Josep Pla, aparte de su cosmovisión y de los determinantes de clase, ha sido siempre o desde muy joven, temperamental y constitutivamente, un conservador en política, es decir, lo que entendemos por un hombre de derechas. Lo veremos al tratar de sus ideas políticas, aunque él mismo lo reconoce, no sin ironía, en el fragmento siguiente, reproduciendo una conversación sostenida en Roma con J. B. Solervicens, durante la guerra civil: «—Soler, nosaltres som conservadors... —Exacte. Les revolucions em treuen de polleguera. Som conservadors i a més a més som pobres... —Seríeu capaç de resoldre aquesta contradicció? No crec que sigui possible ni utilitzant, la dialèctica de Hegel... —Perdó! Heu oblidat un element. La situació és aquesta: som conservadors, som pobres i tenim una gana que esparvera... —Terrible situació! Considereu que és possible de compaginar aquests contrasentits? —Difícil, endimoniadament difícil! De vegades fa l'efecte que la Providència ens tempta... —digué amb un aire trist i deprimit» (17, 557/8).[17]

Conservador hasta la médula, pues, pero liberal. En este sentido sus afirmaciones son rotundas, aun-

17. "—Soler, nosotros somos conservadores... —Exacto. Las revoluciones me sacan de quicio. Somos conservadores y además somos pobres... —¿Seríais capaz de resolver esta contradicción? No creo que fuese posible ni aún utilizando la dialéctica de Hegel... —¡Perdón! Habéis olvidado un elemento. La situación es ésta: somos conservadores, somos pobres y tenemos un hambre que asusta... —¡Terrible situación! ¿Consideráis que es posible compaginar estos contrasentidos? —¡Difícil, endemoniadamente difícil! A veces parece que la Providencia nos tienta... —dijo con aire triste y deprimido."

que en algún momento sus opiniones políticas —las ocasionales, no las básicas— hayan sembrado la duda entre los lectores de su obra periodística. Como siempre, es preciso recurrir a la naturaleza para extraer la imagen inicial, el sentimiento primario, de su concepción: «La gavina no és pas un animal gaire bonic. El gavià encara ho és menys. És un ocell famolenc i fortíssim, que a mi, però, m'agrada perquè em produeix una sensació de llibertat —una sensació de llibertat que m'hauria agradat de sentir i que no he pogut ni mai podré sentir» (2, 381).[18] Diríamos que la libertad es para Pla, más que una opción política, una aspiración del individuo, una posibilidad de realización personal, una necesidad vital. Socialmente hablando, «la libertad tiene que tener un límite» (1, 829), aunque jamás llegue a formularlo. Sus planteamientos son clásicos y ya los hemos mencionado: libre albedrío y libre examen. El ejercicio del libre albedrío necesitará, para luchar contra los elementos opuestos, «la fuerza y la astucia». La práctica del libre examen es el ejercicio supremo de la facultad intelectual y la garantía de la elaboración de la creación humana, en cualquier aspecto de la vida. La actitud planiana frente al ansia de libertad es admirativa, como ha proclamado en repetidas ocasiones: «Si realment admiro alguna cosa dels homes és l'ànsia de llibertat que tenen» (1, 147).[19] Y juntamente con la admiración, la expresión de su coincidencia e identificación con este sentimiento: «...jo tinc personalment

18. "La gaviota no es un animal muy bello. La gaviota negra todavía lo es menos. Es un pájaro hambriento y muy fuerte que a mí, sin embargo, me gusta porque me produce una sensación de libertad —una sensación de libertad que me hubiera gustado sentir y que no he podido ni jamás podré sentir."
19. "Si realmente admiro alguna cosa de los hombres es el ansia de libertad que tienen."

una gran admiració per aquest esperit, que pel fet de tenir com a essència la protesta sistemàtica constitueix l'estructura vivent del liberalisme —*que és precisament la meva raó d'ésser*» (13, 655) (El subrayado es mío. JMC.).[20] La afirmación es lo bastante concluyente y homogénea con el resto de su pensamiento, para no creer que un determinado tipo de liberalismo —individualista, respetuoso con los demás, aunque bastante insolidario— es un elemento básico a añadir a los otros que conforman su ideología.

Materialista y conservador, liberal y distante, obsesionado por la idea del paso del tiempo y la destrucción de las cosas, necesitaremos pocos trazos más para comprender que Pla compone la figura de un escéptico y de un pesimista, lo cual le llevará a ser un crítico de la sociedad, un moralista de resonancias próximas —por actitud personal y por afinidades electivas— a las de sus autores preferidos del XVI (Montaigne), del XVII (Spinoza) y del XVIII (los enciclopedistas). En su concepción del mundo y más acá de las «ideas generales», un hecho le preocupa y es objeto de constantes referencias: *la vida* —la cotidiana, la más corriente, la de los pequeños detalles, la de las tensiones insoportables, la de la frustración personal... Sobre este tema aplica su pluma como un bisturí: la disección es cruel, aunque realista, brutal y sincera.

También aquí su meditación puede arrancar de la naturaleza, por ejemplo, de la fealdad del cuerpo humano: «En general, el cos humà és lleig. Pot ser d'una gran bellesa, però en general és mons-

20. "...yo tengo personalmente una gran admiración por ese espíritu, que por el hecho de tener como esencia la protesta sistemática constituye la estructura viviente del liberalismo —*que es precisamente mi razón de ser.*"

truós. Aquest fenomen produeix una sensació d'ambivalència que ens porta, si no tenim res més a fer, a meditar sobre la vida i els seus misteris» (20, 290).[21] De la vida, lo que vale y cuenta es la de cada cual, y su sentido es el que queremos darle y el que jamás conseguiremos: «Tots sabem exactament el sentit de la nostra pròpia vida (...) Ho sabem amb una estricta precisió. El que passa només és que el sentit de la nostra pròpia vida, quan no és una pura niciesa, és quelcom tan minúscul, tan insignificant, tan fabulosament irrisori, que no es pot explicar ni als amics més íntims» (8, 490).[22] La humanidad tiene este sentimiento, aunque muchas veces los hombres no quieren reconocerlo. Sin embargo «la constatación de la propia mediocridad es un hecho corriente en la vida». En este caso las reacciones son diversas: «N'hi ha que ho accepten bonament i s'humanitzen. Altres es tornen unes pures bèsties de la pretensió de la serietat i de l'egolatria» (21, 286).[23] Lo que tiene valor, para Pla, es, a pesar de tener conciencia del hecho de esta ineluctable mediocridad, proseguir viviendo con dignidad, es decir, lo que él llama «seguir el camino real de la vida». Este viene señalado «por la adopción de un cierto humor, de

21. "En general, el cuerpo humano es feo. Puede ser de una gran belleza, pero en general es monstruoso. Este fenómeno produce una sensación de ambivalencia que nos lleva, si no tenemos nada más que hacer, a meditar sobre la vida y sus misterios."
22. "Todos sabemos exactamente el sentido de nuestra propia vida (...) Lo sabemos con una estricta precisión. Lo que sucede es, solamente, que el sentido de nuestra propia vida, cuando no es una pura necedad, es algo tan minúsculo, tan insignificante, tan fabulosamente irrisorio, que no se puede explicar ni a los amigos más íntimos."
23. "Hay quienes lo aceptan buenamente y se humanizan. Otros se vuelven unas puras bestias de la pretensión, de la seriedad y de la egolatría."

una humana y divertida autocrítica», de donde arranca, a mi entender, el humor de Pla, producto, como podemos ver ya desde *El quadern gris*, de una irónica y distante visión de sí mismo y de su entorno.

Esta visión de la pequeñez, insignificancia y mediocridad de la vida, comporta unas consecuencias que completan la ideología de Pla: como defensa contra la propia irrisión, los hombres proyectan su pensamiento sobre la imaginación y ésta sobre la utopía, sobre las «puras ilusiones del espíritu». El fracaso que supone comparar la utopía con la realidad, la gran frustración personal de cada cual, precipitan al hombre sobre la situación inicial y trágica: la soledad, la absoluta e irremediable soledad del hombre.

Veamos cómo se desarrolla este proceso. Se da, en primer lugar, el engaño de los sentidos, del pensamiento y de la imaginación, especialmente de esta última, pues los hombres, más que a pensar, tienen «una enorme propensión a imaginar, a soñar». Ahora bien: «Imaginem una o altra cosa, ens pensem tenir-la, i resulta que no tenim res. Tot s'esmuny i s'esvaeix. La imaginació és una força obsessionant de la vida que produeix una gran fatiga» (26, 11).[24] Sin embargo, cuando no obtenemos el menor producto de nuestra imaginación, en vez de retornar a un estado de conformidad con la naturaleza y la realidad, proyectamos nuestra vida sobre la utopía. Y esto es así, porque «la vida humana seria insuportable sense la utopia. En la vida química dels homes i les dones, l'*élan vital*, l'impuls de la vida, ve donat en gran part per les utopies —per les va-

24. "Imaginamos una u otra cosa, pensamos tenerla y resulta que no tenemos nada. Todo se escurre y se desvanece. La imaginación es una fuerza obsesionante de la vida que produce una gran fatiga."

gues i enormes i per les limitades i petites. L'ambient humà natural és la profecia fins i tot en la producció del pernil. Per això l'Antic Testament és un document tan normatiu» (22, 155/6).[25] Estas utopías comienzan por la inmortalidad: el hombre rehúye pensar en la muerte, le paraliza el temor que ésta le inspira. Por eso la primera utopía es enormemente positiva desde el punto de vista del desarrollo de la vida personal y social: «...sense la creença que no morirem mai, què hi hauria en aquest món? Hi hauria una vida àtona, passiva, incerta. En virtut d'aquesta il·lusió, l'home emprèn les més grans absurditats, les més enormes i doloroses empreses. Altres, els avariciosos, per exemple, fan una vida de gos, pensant que viuran sempre. Sigui com sigui, aquest miratge és enormement positiu» (1, 221).[26]

Nótese el deje irónico del anti-utopista que es Josep Pla. Las citas anteriores proceden de fragmentos donde constata una actitud humana como observador distanciado —y esta constatación rebosa escepticismo—. Toda la obra planiana reclama realismo y conformidad con la naturaleza y, como en seguida veremos, cree que la felicidad se encierra en esta limitación. Las profundas raíces del anti-utopismo de Pla surgen igualmente de su considera-

25. "La vida humana sería insoportable sin la utopía. En la vida química de los hombres y de las mujeres, el *élan vital*, el impulso de la vida, viene dado en gran parte por las utopías —por las vagas y enormes y por las limitadas y pequeñas—. El ambiente humano natural es la profecía, incluso en la producción del jamón. Por esto, el Antiguo Testamento es un documento tan normativo."
26. "Sin la creencia de que no moriremos jamás ¿qué habría en este mundo? Habría una vida átona, pasiva, incierta. En virtud de esa ilusión, el hombre emprende las mayores absurdidades, las más enormes y dolorosas empresas. Otros, los avaros, por ejemplo, llevan una vida de perro, pensando que vivirán siempre. Sea como sea, este espejismo es enormemente positivo."

ción del hombre como un fenómeno más de la naturaleza. En toda la obra aparece un determinismo implícito: el hombre es irredimible. Lo dice, con plena aceptación y adhesión por su parte, por boca de un amigo, Gori, abundante y admirativamente citado: «Vejam si vós també caureu en l'error comès pels federals de Sant Feliu de Guíxols i per Nostre Senyor Jesucrist, de creure que l'home és redimible...» (1, 132).[27] El hombre es irredimible a causa de su condición animal, visceral y profunda, que le condena a la soledad más absoluta: la sociedad es sólo un espejismo más, con el cual se enmascara el individualismo consustancial de los seres humanos.

Llegamos así a uno de los rasgos ideológicos más característicos de Pla. Sin pronunciar, en este caso, el vocablo individualismo, la argumentación conduce a él indefectiblemente. Veámoslo en las dos citas siguientes. La primera hace referencia al hecho psicológico y procede de los inicios de su obra, de *El quadern gris*: «La solitud humana és un fet biològic sagrat. L'home és un animal tancat en ell mateix, impenetrable, inexplicable, incapaç d'ésser formulat de fora a dins ni de formular-se de dins a fora. Potser l'home tendeix a formular-se amb una certa claredat —i encara!— quan paga —en diners o en espècies—. Però la nostra vanitat, l'amor propi, ens porta a penetrar en la sagrada solitud dels altres, amb l'esperança que se'ns donaran gratuïtament. L'amor propi ens crea la il·lusió que podrem obtenir dels altres alguna cosa gratuïta, sense pagar, de franc —la fantasia que els altres aboliren, per fer-vos gràcia, el seu sentit de conservació i la

27. "A ver si también caeréis en el error cometido por los federales de Sant Feliu de Guíxols y por Nuestro Señor Jesucristo de creer que el hombre es redimible..."

seva solitud ineluctable—. És natural que unes pretensions tan desorbitades ens produeixin inextricables problemes i lacerants amargures» (1, 236).[28] La segunda cita proviene de otro dietario, *Notes disperses*: «L'amor podria ésser, potser, considerat com un esforç important per rompre la solitud en què vivim —i que en la joventut ens asfixia—. Més tard ens hi habituem —i finalment entrem en el corriol matrimonial—. La paradoxa és curiosa: la societat, tota la societat, ha estat construïda no a base de la sociabilitat, sinó del seu sentiment contrari: la solitud. En les tertúlies moralitzants se sol proclamar sovint que la societat és fortíssima. No sé... Si per naturalesa ho fos tant, l'Església no hauria pas convertit el matrimoni en sagrament. El que és fort i infrangible és la solitud» (24, 73).[29]

Solo, solitario, individualista, el hombre se ve

28. "La soledad humana es un hecho biológico sagrado. El hombre es un animal cerrado en sí mismo, impenetrable, inexplicable, incapaz de ser formulado de fuera a dentro ni de formularse de dentro a fuera. Quizás el hombre tiende a formularse con cierta claridad —¡y aún!— cuando paga —en dinero o en especies—. Pero nuestra vanidad, el amor propio, nos lleva a penetrar en la sagrada soledad de los otros con la esperanza de que se nos darán gratuitamente. El amor propio nos crea la ilusión de que podremos obtener de los demás alguna cosa gratuita, sin pagar, de balde —la fantasía de que los otros abolirán, para haceros gracia, su sentido de conservación y su soledad ineluctable—. Es natural que unas pretensiones tan desorbitadas nos produzcan inextricables problemas y lacerantes amarguras."

29. "El amor podría ser, quizás, considerado como un esfuerzo importante para romper la soledad en la que vivimos —y que en la juventud nos asfixia—. Más tarde, nos habituamos —y finalmente entramos en la senda matrimonial—. La paradoja es curiosa: la sociedad, toda la sociedad, no ha estado construida a base de la sociabilidad, sino de su sentimiento contrario: la soledad. En las tertulias moralizantes se acostumbra a proclamar con frecuencia que la sociedad es fortísima. No sé... Si lo fuese tanto por naturaleza, la Iglesia no habría convertido el matrimonio en sacramento. Lo que es fuerte e inquebrantable es la soledad."

abocado a una lucha constante, como animal de la naturaleza que es, en favor de la propia conservación —y no sólo la biológica, sino también la de su identidad personal, derivada de un cúmulo de circunstancias históricas, culturales y sociales—. Es decir, Pla no niega el carácter social del ser humano, ni su conformación espiritual a través de la herencia histórica, primero, y de la participación en un proceso cultural, después. Pero sí rechaza la posibilidad de redención y de trascendencia de su individualismo congénito por medio de la sociabilidad, de la solidaridad o de la vida comunitaria. Tampoco niega la necesidad del trabajo social, de las tareas comunes e, incluso, de la creación de unidades superiores de convivencia como puedan serlo un país —en su expresión favorita— o una patria: la vida, cree él, ha de vivirse en planos aceptables de civilización, lo cual únicamente se consigue por medio de una comunidad laboral, de un sabio equilibrio de fuerzas en las relaciones con los demás, y de un respeto entre las individualidades irreductibles de las personas.

El concepto planiano de la felicidad, piedra de toque de esta visión del hombre, nos permite captar una de las dimensiones morales del autor. La felicidad es un concepto moderno: «...comença a circular a Europa amb una certa insistència en els començaments del romanticisme i en relació generalment amb la llibertat de l'amor» (24, 479).[30] Repasando la historia de la humanidad, Pla comprueba que mientras el hombre ha vivido más o menos acorde con las leyes naturales, no se ha planteado, como ahora, la cuestión de la felicidad. Parece interrogar-

30. "...empieza a circular en Europa con cierta insistencia en los comienzos del romanticismo y en relación, generalmente, con la libertad del amor."

se sobre ella precisamente cuando, habiendo roto con el equilibrio natural, comienza a perderla. Antes, ya, de estas consideraciones nos ha advertido contra las ilusiones comunitarias: «La felicitat col·lectiva no existeix. Si algun dia la sentiu prometre, no hi perdeu gaire el temps. La felicitat és una qüestió personal, individual» (24, 472).[31] Ahora bien: tampoco es un goce desordenado de los sentidos, ni la proyección imaginativa personal sobre la ilusión del triunfo o del logro de una situación social. La felicidad ha de contemplarse desde el punto de vista de la adecuación del hombre a la realidad y, en este sentido, «només les coses temporals, limitades, col·locades dintre el relatiu, són positives i vitals» (9, 340).[32] El concepto clave para la comprensión de una felicidad posible y real, es el de *limitación*. Siguiendo a Goethe, Pla expresa repetidamente a lo largo de su obra que «la felicidad es la limitación». Y para empezar con un planteamiento realista, lo mejor, cree él, es dejarse de grandes palabras, de palabras «desprovistas de sentido inmediato», como «lo eterno, lo infinito, el siempre, el nunca» y contentarse con una visión del mundo a escala personal y local: «La petitesa de visió és una bona escola —una escola de modèstia i de estoïcisme, exactament l'escola de la vida» (1, 363).[33] Sólo esta visión puede depararnos un equilibrio personal basado en la falta de ambición, en la aceptación de las cosas del mundo cotidiano y en la ignorancia y la indiferencia. Junta-

31. "La felicidad colectiva no existe. Si algún día oís que la ofrecen, no perdáis el tiempo. La felicidad es una cuestión personal, individual."
32. "Sólo las cosas temporales, limitadas, colocadas dentro de lo relativo, son positivas y vitales."
33. "La pequeñez de visión es una buena escuela —una escuela de modestia y estoicismo, exactamente la escuela de la vida."

mente con la idea de «limitación», estos dos últimos conceptos completan su visión de la felicidad. Respecto al primero, dice: «La forma de la limitació més productiva i, per tant, més sòlida és la ignorància. Ignorem-nos i serem feliços. Evitem amb la màxima cura de suposar el que som exactament. Ignorem l'opinió dels altres. El testimoni dels nostres sentits és il·lusori, com és il·lusori el dels sentits aliens. Que passi la vida i vagi rodant la bola, que tot té un fi» (24, 476).[34] En cuanto al segundo, su contundencia es total, con reminiscencias de la filosofía oriental o del contemplativismo: «La indiferencia frente al mundo es la felicidad».

Sin embargo y pese a la rotundidad de estas afirmaciones, el propio autor traiciona sus convicciones, al menos en una materia: la cultura. No puede entenderse la obra de Pla sin comprenderla como producto de una fecunda tensión dialéctica entre naturaleza y cultura. Pla es consciente de un hecho que ha ido imponiéndose a lo largo de su obra, definible, tal vez, diciendo que la expresión de una sensibilidad —de una sensualidad— natural del hombre, encuentra su sublimación o su expresión más «humana» en la creación cultural. Esto parece desnaturalizar una parte del discurso planiano, precisamente la que acabamos de mencionar, la de la ignorancia y la indiferencia como formulación de la felicidad. Pla jamás resuelve esta contradicción: más bien la rehúye o la sitúa marginalmente en relación con los aspectos centrales de la vida. Tiene

34. "La forma de la limitación más productiva y, por lo tanto, más sólida, es la ignorancia. Ignorémonos y seremos felices. Evitemos, con el mayor cuidado, suponer lo que exactamente somos. Ignoremos la opinión de los otros. El testimonio de nuestros sentidos es ilusorio, como es ilusorio el de los sentidos ajenos. Que la vida pase y que vaya rodando la bola, que todo tiene fin."

conciencia, ciertamente, del problema, aunque parece situarlo como un fenómeno lateral que afecta a un cierto tipo de hombres contingentes: los artistas y los intelectuales. No se trata, propiamente, de una consideración elitista; más bien, los considera como una excrecencia social, una selección de la naturaleza, a considerar como dato, como hecho espontáneo y, en cierto modo, anómalo. No es una concepción elitista porque el mismo Pla, autor de muchas páginas de elogio y de consideración sobre determinados hombres de cultura, no los ha tratado jamás como seres excepcionales, como genios o personas de especie superior. En realidad, siempre ha subrayado el aspecto humano y, especialmente, el de la eficacia de su trabajo social. Debería añadirse que la propia consideración del autor jamás ha sido vanidosa, ni soberbia, sino más bien de una modestia y humildad sinceras e, incluso, exageradas: «Un rústico sofisticado por la cultura», dice de sí mismo. Tal vez el concepto de «sofisticación», entendido como «desnaturalización», nos facilite la clave de la concepción cultural planiana: *desnaturalizar los excesos de la naturaleza* y, a la vez, a través de algunos de sus aspectos, como el arte, *sensualizar de nuevo* al hombre —como en seguida veremos—, tarea peligrosa, aunque tentadora. La cultura se enfrenta, también, con la realidad, y no sólo la de la naturaleza, sino, también, la cotidiana: «La cultura es fascinadora. La realidad es terrible».

Con esto llegamos al último punto que quisiéramos tratar, aun cuando sea muy sumariamente: la contradictoria y dialéctica consideración de la cultura. Ésta, viene a decir Pla, tratándose de una acumulación de saber y datos en la memoria, carece de utilidad y nada significa por sí sola. Únicamente su incorporación a la vida le da un sentido. Aunque de momento sólo sea «un preservatiu contre les inevitables i tristes caigudes de l'arrauxament intuïtïu. La intuïció té un moment cru, primigeni, enlluernador, que pot ésser útil —quan no és catastròfica—» (11, 456); [35] la cultura, en cambio, puede situar la intuición en su lugar exacto y evitar los errores habituales: «Crexells no se equivocó nunca, a causa de su considerable cultura», agrega Pla, tras la cita anterior.

La cultura sería, en una primera fase, una contribución al equilibrio de los hombres, una ayuda para vivir mejor la existencia cotidiana. Es preciso decir que esta visión resulta coherente con el resto del pensamiento de Pla, sobre todo cuando además concibe la inteligencia como una capacidad de adaptación a las diversas situaciones vitales del hombre, de difícil resolución. Estas ideas —implícitas y explícitas en su obra—, persiguen la desmitificación de la cultura y el aprovechamiento de lo que ésta tiene de útil, práctico y eficaz para la resolución de los problemas planteados por la naturaleza y por la vida cotidiana.

Pla dedica especial atención a un aspecto de la cultura: el arte. Sobre este tema ha escrito innumerables páginas —especialmente, sobre los artistas catalanes. Ahora nos interesa, tan sólo, mencionar su concepción de la función del arte partiendo de una cita de Bernard Berenson, para quien el arte «es el instrumento empleado por el helenismo para humanizar a los hombres»: esto significa que «el arte es un fenómeno sensual».

Partiendo de este principio, Pla elabora diversas

35. "Un preservativo contra las inevitables y tristes caídas del arrebato intuitivo. La intuición tiene un momento crudo, primigenio, deslumbrador, que puede ser útil —cuando no es catastrófico."

consideraciones sobre el punto de vista del artista
—la consecución de la belleza— y el del espectador.
El artista será siempre un fracasado, pues la belleza
es inaprehensible. No obstante y desde el punto de
vista del receptor de la obra artística, las cosas se
desarrollan de otro modo, por el mismo hecho que,
para la historia del arte, el problema de la belleza
carece de relevancia. La dificultad estriba en si la
obra de arte produce, o deja de producir, un goce
en el espectador. Si lo produce, «llavors esdevé un
element de plaer, de sensualitat, dominat per valors
tàctils que estimulen la imaginació i la inciten a sentir el volum dels objectes, a sospesar-los i a mesu-
rar-ne les distàncies. El descobriment de la naturalesa és una operació pràctica del nostre espirit. L'artista reconstitueix el món reproduint les seves formes, que són abans que tot valors tàctils —no valors
abstractes— les finalitats dels quals és la creació de
sensacions imaginàries» (24, 394).[36]

También se reconoce el arte en una función práctica: la «reconstitución del mundo» es, probablemente, la actividad más alta y positiva que reconoce
Pla a la cultura. Sin embargo, esta reconstitución
debe llevarse a cabo en relación con la naturaleza
y con su descubrimiento: por ello, el arte es y ha de
ser sensual para que afecte al hombre en sus raíces
más profundas. Recordemos la afirmación citada
en otro contexto: «El hombre no es un animal racional. Es un animal sensual».

36. "Entonces acaece un elemento de placer, de sensualidad,
dominado por valores táctiles que estimulan la imaginación y
la incitan a sentir el volumen de los objetos, a sopesarlos y a
medir las distancias. El descubrimiento de la naturaleza es una
operación práctica de nuestro espíritu. El artista reconstituye
el mundo reproduciendo sus formas, que son antes que nada
valores táctiles —no valores abstractos— cuya finalidad es la
creación de *sensaciones imaginarias*."

Esta cita enlaza con el materialismo vitalista del que hablábamos al comienzo, y completa las bases ideológicas del Pla agnóstico y conservador, liberal e individualista, que hemos tratado de definir en estas páginas.

1976

ANTONIO MACHADO: UN CENTENARIO

No hay amnistía para Antonio Machado

¡Curioso y revelador centenario, éste de Antonio Machado! En cualquier país del mundo las ocasiones conmemorativas acostumbran a ser pretexto para reivindicar a grandes figuras cuyo inconformismo o cuya ideología les llevaron a permanecer al margen de la cultura oficial o a estar en contra del sistema establecido. Pero también en esto España es diferente. Han pasado treinta y seis años desde la muerte de Antonio Machado y una vieja y rencorosa inquina oficial persiste en contra del poeta. En este lapso de tiempo, no se dio otra ocasión tan propicia para rendir tributo público a uno de los indiscutibles clásicos de la literatura castellana del siglo xx y, por lo mismo, para corregir viejos errores. Y, sin embargo, no ha sido así: no sólo los rectores (!) de la vida cultural española no se han dado por enterados, sino que, desde otras esferas del poder, se han puesto todos los obstáculos y se han extendido todas las prohibiciones para que los actos que hubieran podido dar un cierto calor popular al homenaje debido al gran poeta andaluz no tuvieran lugar. Tengo en las manos documentación

121

abundante de coloquios y conferencias no autorizados por la autoridad gubernativa: Madrid, Sevilla, Almería —donde tenía que participar yo mismo— y una larga teoría de ciudades y pueblos del Estado español se han visto privados de la posibilidad de rendir un homenaje de ciudadanía a uno de sus compatriotas más ejemplares por su vida y su obra.

Este tipo de actos, que surgen normalmente del desarrollo cultural de la vida de los pueblos, no intentan otra cosa que rescatar del pasado algunos de los valores culturales permanentes que pueden ayudar a configurar el futuro y, a través de este rescate, perfilar la propia identidad y recobrar críticamente un pasado, es decir, confrontar, para definir el presente, los valores estéticos y morales anteriores con los actuales. Quizás es esto lo que no ha podido tolerar un poder que sabe que, culturalmente, no ha sabido ofrecer otra cosa que una alfabetización sin contenido. Y, claro está, los viejos rencores.

Un jerarca falangista de los primeros años cuarenta —evolucionado posteriormente hacia formas más democráticas de pensamiento— dijo, por aquella época, de Antonio Machado: «No debió serlo, pero fue un enemigo». ¡Insólita expresión: «no debió»...! En todo caso, lo que nos interesa señalar es que la clave estriba, todavía hoy, en la consideración de «enemigo» referida a un poeta, en la enemistal visceral de quienes treinta y seis años después de terminada una guerra no pueden dejar de sentirse vencedores y de considerarse enemigos de quienes —muertos, exiliados o viejos derrotados— la perdieron. Que Antonio Machado la perdió no cabe la menor duda. Ahí están sus restos todavía en el mediterráneo exilio de Cotlliure y ahí está su memoria tolerada en el ámbito de la iniciativa pri-

122

vada, pero proscrita oficialmente. El único acto multitudinario que habrá tenido lugar en este extraño centenario lo celebramos en París, invitados y amparados por la UNESCO, un grupo reducido de escritores de lenguas castellana, catalana y francesa, en teórica representación de otros muchos que no pudieron asistir y frente a un público de estudiantes franceses y latinoamericanos sorprendidos por encontrarse destinatarios de unas palabras que, en realidad, estaban pensadas para un auditorio español.

Así pues, para evitar la hipotética politización de algún acto de homenaje literario, se habrá politizado totalmente el centerio de un escritor en cuya obra sólo encontramos tardíos rastros de política, pero que supo asumir sus responsabilidades de ciudadano cuando la intolerable tensión de la guerra le obligó, como a cualquiera de sus compatriotas, a definirse. Cabe añadir que lo hizo sin manifestaciones violentas ni destempladas. Muchos años atrás, en su poema *Retrato*, había definido ya el que tendría que ser, sin variaciones, su talante intelectual:

Hay en mis venas gotas de sangre jacobina,
pero mi verso brota de manantial sereno...

Finalmente, y en otro aspecto, llega el centenario de Antonio Machado cuando la joven poesía castellana muestra innegables signos de desafección hacia su obra, lo que es normal en el suceder de las generaciones. Sin embargo, si el reproche que diez años atrás se podía dirigir a Machado era el de un posible anacronismo estético, quizás hoy nos encontremos ante un cierto reflujo hacia algunos aspectos de su poesía. Pere Gimferrer ha escrito recientemente: «Machado no es, como algunos quisieron creer, ni un costumbrista rural y folklórico, ni un moralista casero; siente la atracción del abismo e indaga en la oscuridad del ser. Su indagación, reverberante en la tiniebla encendida como la sombra de un águila de luz, nos sigue mostrando su camino».

Paradoja final: la parte de su obra que hoy puede interesar más a algunos jóvenes es su poesía metafísica. Y así es al poeta cuya vigencia actual se debe a su capacidad de profundizar en los insondables misterios del hombre —innegable dimensión de una obra que es, además, ética y civil y, por encima de todo, universalmente poética— a quien se le regatea oficialmente el lugar preeminente que su vida y su obra merecen. Por ello decía, al principio de estas líneas apresuradas y no exentas —espero— de contenida irritación, que este centenario ha resultado revelador: revelador y desvelador de la carencia de paz civil en la piel de toro. Este centenario, que coincide con una amplia petición de amnistía en todo el ámbito del Estado español, habrá servido, más que mediado el año de la «reconciliación», para adelantar una respuesta que desdichadamente ya conocíamos: no hay amnistía para Antonio Machado, como no la habrá para todos nosotros.

1975

VIDA Y MUERTE DE ANTONIO MACHADO EN LOS PAÍSES CATALANES

Esta contribución al Centenario del nacimiento de Antonio Machado no es a título personal. Mi presencia entre vosotros quiere ser el homenaje de los escritores catalanes al poeta y al hombre ejemplar que vivió sus últimos años y murió, también —lejos de su Andalucía natal y de su Castilla de adopción— entre las gentes de los Países Catalanes —desde el País Valenciano hasta el Rosellón— con quienes compartió esperanzas y desilusiones, privaciones y bombardeos, en el ocaso de la Segunda República española.

En efecto, los azares de la guerra civil llevaron a Antonio Machado a realizar un doloroso peregrinaje, el último de su vida, a lo largo de las tierras de lengua catalana. Ya en noviembre de 1936, Machado es evacuado, desde el Madrid asediado, a Rocafort, pueblo cercano a Valencia, donde vivió hasta mediado el año 1938. En Rocafort se instala en un chalet veraniego, «Villa Amparo», junto con su madre y con su hermano José y su familia. Desde allí, se traslada, de vez en cuando, a Valencia, donde está la redacción de la revista «Hora de España» y donde participa en algunos actos públicos, como la Fiesta del Primero de Mayo de 1937 —en la que lee su famoso discurso a las Juventudes Socialistas Unificadas— y el Congreso Internacional de Escritores, en cuya clausura y en un breve parlamento —tras citar su conocido texto que empieza: «Escribir para el pueblo (...), ¡qué más quisiera yo!»— concluye diciendo: «...yo escribí estas palabras que pretenden justificar mi fe democrática, mi creencia en la superioridad del pueblo sobre las clases privilegiadas». Por entonces, «Hora de España» se ha convertido en la principal revista intelectual de la guerra y en la primera que comparten ampliamente escritores de lengua catalana y castellana, es decir, una tribuna plural en la que se han olvidado recelos anteriores, ante la magnitud de la tragedia.

En Valencia escribe Machado la continuación de su *Juan de Mairena* y algunos poemas en los que hace referencia a la tierra y al paisaje que le han dado acogida así como el mayor de los poetas de lengua catalana:

> (...) *Valencia de finas torres,*
> *en el lírico cielo de Ausias March,*
> *trocando su río de rosas*
> *antes que lleguen a la mar*
> *pienso en la guerra. La guerra*
> *viene como un huracán* (...)

En plenitud de sus facultades intelectuales, ya en Valencia, empieza, sin embargo, su desmoronamiento físico. En 1937, escribe a Daniel Vigodsky: «Las vísceras más importantes de mi organismo se han puesto de acuerdo para no cumplir exactamente su función». Y así, es un hombre enfermo el que llega a Barcelona, tras el traslado del gobierno de la República, a mediados de 1938.

En Barcelona y después de una breve estancia en el Hotel Majestic, Antonio Machado es alojado, junto con sus familiares, en una gran mansión, la «Torre Castañer», de amplio y viejo jardín romántico, en el barrio de San Gervasio, descrito por Bergamín.

Enfermo y fatigado, el poeta lleva una vida retirada y de escasa actividad. Escribe, ya, muy poca poesía y su producción más constante son los artículos que publica en «La Vanguardia» barcelonesa. Sabemos, sin embargo, por el testimonio de su hermano José, que en su ulterior huida a Francia se perdieron papeles inéditos que, verosímilmente, debía ser, todavía, prolongación de su apócrifo *Juan de Mairena*. Para nosotros, catalanes, hay un artículo muy significativo de esta última etapa. Corresponde a la serie «Desde el mirador de la guerra» y se publica el 6 de octubre de 1938. Su párrafo inicial dice así: «En esta egregia Barcelona —hubiera dicho de Mairena en nuestros días—, perla del mar latino, y en los campos que la rodean, y que yo me atrevo a llamar virgilianos, porque en ellos se da un perfecto equilibrio entre la obra de la naturaleza y la del hombre, gusto de releer a Juan Maragall, a Mosén Cinto, a Ausiàs March, grandes poetas de ayer, u otros, grandes también, de nuestros días. Como a través de un cristal, coloreado y no del todo transparente para mí la lengua catalana, donde yo creo sentir la montaña, la campiña y el mar, me deja ver algo de estas mentes iluminadas, de estos corazones ardientes de nuestra Iberia. Y recuerdo al gigantesco Lulio, el gran mallorquín. ¡Si la guerra nos dejara pensar! ¡Si la guerra nos dejara sentir! ¡Bah! Lamentaciones son éstas de pobre diablo. Porque la guerra es un tema de meditación como otro cualquiera, y tema cordial esencialísimo. Y hay cosas

que sólo la guerra nos hace ver claras. Por ejemplo:
¡Qué bien nos entendemos en lenguas maternas diferentes cuantos decimos, de este lado del Ebro,
bajo un diluvio de iniquidades: "¡Nosotros no hemos vendido nuestra España!" Y el que esto se diga
en catalán como en castellano, en nada mengua ni
acrecienta su verdad.»

¡Qué tremenda confesión acerca de uno de los
grandes problemas hispánicos, nunca resuelto, el del
casi imposible diálogo de las lenguas y de los hombres! «*Hay cosas que sólo la guerra nos hace ver
claras*», dice Machado, bajo el estruendo de los bombardeos, en la inminencia de la derrota. ¡Como si
hubiera que apurar hasta el límite de la muerte para
descubrir las trampas que algunas ideologías siempre conservadoras, cuando no abiertamente reaccio-
narias o fascistas, colocaban bajo un demagógico e
irreal concepto de unidad! ¿Tendremos que repetir-
nos siempre, desde la desdicha y hasta el infinito,
que la única viabilidad del Estado español pasa por
la asunción de la pluridad de pueblos y lenguas?
¿Hay todavía quien, con corazón limpio y mente
despejada, puede negar una formulación como la
de Salvador Espriu, referida a su mítica Sepharad/
España:

*Diverses són les parles i diversos els homes,
i convindran molts noms a un sol amor?*

(Diversas son las hablas y diversos los hombres,
y convendrán muchos nombres a un solo amor?)

Cuando Antonio Machado escribe el artículo que
hemos citado faltan sólo tres meses para que em-
prenda la última etapa de su peregrinaje, la que le
ha de llevar al exilio. Es un hombre enfermo y de-

rrotado, como su propio pueblo. Alrededor del 20 de enero de 1939, a través de los servicios de la Universidad de Barcelona, es evacuado, junto con su familia y con un grupo de profesores e intelectuales. Cerca de la frontera se encuentran con Carles Riba, nuestro gran poeta. De labios de éste recuerdo —más de un cuarto de siglo después— la alucinante descripción del paso de la frontera. Riba y su esposa, la poetisa Clementina Arderiu, iban con el escritor catalán Pous i Pagès en una ambulancia. En un alto en el camino encontraron a los Machado —don Antonio, su madre, su hermano José y la esposa de éste—. Eran como personas desvalidas y abandonadas y les hicieron subir en la ambulancia, pero al llegar a la frontera tuvieron que cruzarla a pie. Allí estaba también Corpus Barga, que cargó en brazos con la madre de los Machado. En el tránsito, el grupo se disgregó y no volvió a recontruirse hasta unas horas después. Según el testimonio de Clementina Arderiu, al reencontrarse, Riba le dijo a Machado: «Ya ve usted, don Antonio, ya estamos en Francia.» Y Machado le contestó: «¡Hallarme en Francia y como un mendigo!» Y añadió: «¿Le parece a usted que me comprarán este reloj de oro que perteneció a mi padre?» Era todo lo que de valor llevaba consigo. Después de pasar la noche en un vagón de tren, el grupo se separó definitivamente. Corpus Barga se hizo cargo de los Machado y encontró alojamiento para ellos en Cotlliure, pequeño pueblo pescador de la Catalunya francesa, en la fonda de madame Quintana. Eran las últimas semanas de don Antonio y de su madre. Enfermos los dos, apenas salían del hotel. No hay casi testimonios de esos últimos días. Uno de ellos ha sido recogido por Jean Cassou en un bello pasaje del ensayo que le dedicó en su libro *Trois poètes. Rilke, Milosz, Machado.*

129

Después de recordar las dos evocaciones del mar que encontramos en el poeta mesetario de *Campos de Castilla*, Cassou concluye diciendo que las gentes de Cotlliure, que no habían olvidado la breve estancia de Machado entre ellos, le contaron cómo gustaba de conducir sus paseos, los últimos de su vida, hasta una roca que avanzaba sobre el mar: «*Là, s'asseyant et contemplant autour de lui le bleu du ciel et le bleu de la mer, plongé, inmergé dans cette contemplation, il murmurait avec ravissement : C'est la Grèce.*»

Se diría que, al borde del Mediterráneo, y como un segundo destino fatal volvían a recobrar sentido los versos que lo tuvieron en una primera y triste ocasión, la muerte de Leonor:

Señor, ya me arrancaste lo que yo más quería.
Oye otra vez, Dios mío, mi corazón clamar.
Tu voluntad se hizo, Señor, contra la mía.
Señor, ya estamos solos mi corazón y el mar.

Antonio Machado murió el 22 de febrero. Terminaba así su periplo de guerra y exilio por los países catalanes, de uno y otro lado de la frontera. Desde entonces descansa, entre apellidos catalanes, en el cementerio de Cotlliure, lugar de peregrinación habitual para nosotros, tanto los supervivientes de una guerra que se lo llevó, como a muchos otros españoles, «ligero de equipaje» y «casi desnudo como los hijos de la mar», como los más jóvenes, los de las generaciones que no conocieron, felizmente para ellos, la guerra civil. Conste ahora el homenaje de los escritores catalanes al hombre y al poeta, a quien despediremos un día, cuando sus restos vuelvan a su tierra de origen, con la nostalgia de muchos años de convivencia, pero con la alegría de saber que el retorno a su patria habrá significado, también, el retorno de la paz civil a todo el ámbito de la «pell de brau», esa «piel de toro» en la que cada día muchos miles de hombres siguen conservando los mismos ideales que iluminaron la vida de Antonio Machado.

1975

131

Apéndice

I

Pocos meses antes de su muerte, ocurrida en enero de 1964, Luis Martín-Santos contestó a una encuesta para un Seminario sobre novela contemporánea española que desarrollábamos, en Barcelona un grupo de amigos. La última pregunta de la encuesta inquiría sobre el sentido que el autor había querido dar a su obra. La respuesta de Martín-Santos era la siguiente: «Por el momento mi obra tiene un sentido claramente destructivo. Espero que en el futuro y por cierto tiempo, siga siendo destructiva. Prácticamente, en nuestra realidad espiritual española la está todo por destruir.»

Han pasado más de cuatro años desde que fueron escritas estas palabras y cada día su significación se nos hace más evidente y actual. Juan Goytisolo ha replanteado recientemente la cuestión en una entrevista cuyo título es explícito por sí mismo: «Destrucción de la España sagrada». Por otra parte su última novela, Señas de identidad, tenía por título primitivo un verso de Luis Cernuda: «Mejor la destrucción, el fuego.» Finalmente, cabe recordar que uno de los títulos que Martín-Santos tenía previsto

13

TIEMPO DE DESTRUCCION
PARA LA LITERATURA ESPAÑOLA

I

Pocos meses antes de su muerte, ocurrida en enero de 1964, Luis Martín-Santos contestó a una encuesta para un Seminario sobre novela contemporánea española que desarrollábamos, en Barcelona, un grupo de amigos. La última pregunta de la encuesta inquiría sobre el sentido que el autor había querido dar a su obra. La respuesta de Martín-Santos era la siguiente: «*Por el momento mi obra tiene un sentido claramente destructivo. Espero que en el futuro y por cierto tiempo, siga siendo destructiva. Prácticamente, en nuestra realidad espiritual española, está todo por destruir.*»

Han pasado más de cuatro años desde que fueron escritas estas palabras y cada día su significación se nos hace más evidente y actual. Juan Goytisolo ha replanteado recientemente la cuestión en una entrevista cuyo título es explícito por sí mismo: «Destrucción de la España sagrada». Por otra parte, su última novela, *Señas de identidad*, tenía por título primitivo un verso de Luis Cernuda: «Mejor la destrucción, el fuego». Finalmente, cabe recordar que uno de los títulos que Martín-Santos tenía previstos para la novela que su muerte dejó inacabada era: *Tiempo de destrucción.*

¿Por qué tanta destrucción? En esta España perpetuamente en ruinas ¿qué queda ya por destruir? La respuesta a estas preguntas sólo puede intentarse examinando globalmente los supuestos sobre los que descansa la literatura en el contexto cultural español de hoy, aunque para simplificar —olvidando voluntariamente un planteamiento más complejo— nos limitaremos a proponer como tema analizándola brevemente, la aventura intelectual de los escritores de la generación llamada «del medio siglo», la que hoy tendría que representar la dinámica renovadora del mundo literario español de lengua castellana.

II

En otras ocasiones, he descrito el desierto cultural de la España de la posguerra. Al hecho mismo de la destrucción y la desorganización que toda guerra supone y a la sangría del exilio hacia el cual partieron los mejores intelectuales, es preciso añadir que la política cultural de los vencedores de la guerra civil fue sistemáticamente contraria de todo lo que pudiera significar una dinámica y un progreso intelectual: fue implantada la censura previa para todo tipo de publicaciones y se controló severamente toda la organización de la cultura, desde la enseñanza —en cualquiera de sus grados— hasta las manifestaciones artísticas y literarias —de cualquier tipo que fuesen—. El mundo cultural español quedó en manos de unos pocos intelectuales de segundo orden, respaldados por la Iglesia y los servicios de Orden público. Y sobre todo lo que cualquiera de nosotros considera hoy que es expresión de la fuerza formadora y liberadora de la cultura se extendió, por muchos años, el silencio.

Dos generaciones de escritores han surgido desde entonces. Una, la que es propiamente la generación «de la posguerra», generación mutilada por la guerra misma y porque parte de sus componentes marchó al exilio, y otra, la generación que algunos hemos llamado «del medio siglo», porque sus componentes empezaron a publicar alrededor de 1950, formada por escritores nacidos antes de la guerra, pero que no tuvieron que combatir, por razones de edad, aunque conservan recuerdos infantiles de una guerra que, de un modo u otro, les marcó.

Los escritores de la generación «del medio siglo» constituyen, en cierto modo, un caso especial. Observadores atónitos, víctimas pasivas de la guerra, crecieron, al término de ésta, en el desierto cultural al que nos hemos referido y se formaron bajo los principios del «orden nuevo». Sin embargo y quizás por motivaciones distintas, pronto se rebelaron contra los principios en los que habían sido educados. Esta rebelión conoció formas diversas y ya se encuentra reflejada en las primeras obras de estos autores. Con amplia conciencia generacional, entre 1956 —año del estallido de la Universidad a raíz del prohibido Congreso de escritores universitarios— y 1962 —momento en que el crecimiento económico español entra de lleno en una dinámica propia— estos escritores no sólo se sienten unidos por una misma actividad de resistencia política, sino que también se adscriben a un cierto credo estético, el del realismo. En tanto que pertenecientes a una generación se dan a conocer al extranjero y algunas de sus obras son traducidas, especialmente al francés, al italiano y al inglés, y en no pocos países socialistas.

Toda una peripecia intelectual, pues, inédita en la España de la posguerra, se desarrolla con cierta coherencia a lo largo de seis años. Pero esta peripecia termina, bastante bruscamente, con una perplejidad evidente y con cierta impresión de fracaso. Los años que siguen, hasta hoy, han sido de retraimiento y de meditación. Probablemente ahora, con mayor perspectiva, podemos intentar una primera enumeración de la multiplicidad de causas que abocaron a esta generación a un cierto fracaso y al desánimo y a la desorientación consiguientes.

III

Los escritores de la generación «del medio siglo» compartieron con sus respectivos condiscípulos la catastrófica, inoperante y parcial enseñanza secundaria que se les dio en los años de la posguerra. Algunos, sin embargo, poseen todavía el recuerdo de una enseñanza primaria —en los años de la República o durante la guerra en zona republicana— vivida en un auténtico clima de escuela libre y responsable. En cambio, los que pudieron proseguir estudios universitarios recordarán siempre el clima asfixiante de la Universidad de los años cuarenta, apenas sin un solo profesor competente, sin ningún contexto cultural vivo y con una vida política que iba de las luchas públicas entre falangistas y monárquicos (!) a los tímidos asomos de organizaciones clandestinas de tipo democrático. La ausencia de los maestros de la ante-guerra, acababa de dar a esa Universidad de los años cuarenta un tono marcadamente mediocre y provinciano.

Por otra parte, pronto se dieron cuenta esos escritores de un hecho que no dejó de pensar profundamente en su formación: las obras de la mayor parte de los viejos maestros —muchas de las cuales circulaban bajo mano en ediciones antiguas, ya que no habían sido reeditadas a causa de su prohibición por la censura— ya no les eran útiles. Buena parte del pensamiento de los noventayochistas o del mismo Ortega —la tradición inmediata— ya no era válido y operante en el mundo de la posguerra mundial. Era curioso comprobar que libros que, por una parte, casi eran considerados como clandestinos, no ofrecían, por otra, el alimento intelectual que exigía el momento. Y los libros que aportaban el nuevo pensamiento europeo y de los que llegaban velados ecos desde el extranjero, no se podía encontrar en España. Era una situación patética, desde el punto de vista de la formación intelectual, y casi inverosímil, para un observador ajeno a las cuestiones españolas.

En todo caso, el problema más grave era, posiblemente, esa inactualidad de la más próxima tradición española. En un mundo que al término de la segunda guerra mundial daba un pronunciado viraje hacia la izquierda, los venerables maestros españoles —de Unamuno a Ortega— eran un puro anacronismo. Entendámonos: no se trata ahora de menospreciar unas obras considerables desde el punto de vista literario. Se trata solamente, desde la óptica de la formación de la generación que inauguraba su inquietud intelectual juntamente con la era atómica, de considerar la inoperancia formativa —política y cultural— de los que hasta aquel momento habían sido considerados los grandes maestros del pensamiento español de este siglo. No es difícil comprender ahora las razones del fracasado magisterio de esos pensadores: sus planteamientos idealistas, su conservadurismo, su parcial interpretación de la historia y sus errores políticos —de los que fue un ejemplo su trayectoria personal—, invalidaban para los jóvenes otras muchas virtudes de sus obras. Por otra parte, no era reprochable a esos viejos maestros —y ése es el origen de muchos malentendidos— la inexistencia de un pensamiento de izquierda en el panorama cultural español. Pero ésa era la realidad desnuda: no había en la España del 36, ni lo hubo en la del 14, ni lo había habido en la del 98, un auténtico pensamiento revolucionario con proyección cultural. La debilidad ideológica de la izquierda española era una enfermedad crónica, que todavía hoy —como veremos más adelante— no se ha podido superar.

En esas circunstancias, la formación de los escritores de la generación «del medio siglo» fue una peripecia individual absolutamente autodidacta. De vocación decidida, su preparación profesional no pudo ir más allá de un esfuerzo que no encontró eco en el mundo cultural español de aquellos años. Uno de los anhelos de los escritores debutantes era encontrarse con una crítica responsable y orientadora. Pero entre las muchas carencias intelectuales de aquellos años, la de la crítica era una de las más evidentes. No había crítica literaria, del mismo modo que no había crítica social. Faltaban los fundamentos básicos para la existencia de cualquier clase de crítica: la libertad, la independencia, la información, la responsabilidad. Por otra parte, no había revistas literarias abiertas al mundo contemporáneo. La vida literaria española tuvo, durante unos años, como máximo exponente de un quehacer colectivo las tertulias de café...

Y, sin embargo, empezaron a publicar —más o menos mutilados por la censura— libros de poesía, novelas y algún esporádico libro de crítica o ensayo.

Un cierto interés sacudió al mundillo literario: una nueva generación llegaba con aires de renovación, con una actitud inconformista que coincidía con el resurgir de algunos grupos de la oposición. Un difuso marxismo alentaba en estas obras, reflejo de un voluntarismo socialista del que participaban la mayor parte de esos autores. No era, pues de extrañar que, con el tiempo, tomara forma en declaraciones y escritos una adhesión a los principios de la estética del realismo, como un reflejo, esencialmente, de las teorías de Brecht y de Lukács.

IV

Los *buenos propósitos* y las *mejores intenciones* son las expresiones más adecuadas para describir la primera etapa de la generación «del medio siglo». Esos «buenos propósitos» consistieron en el intento de buscar toda una literatura —bajo capa de *realismo*— en los tradicionales buenos sentimientos de una izquierda tan inconformista como ingenua. Un maniqueísmo elemental invadió la literatura española durante algunos años, despojándola de uno de los requisitos elementales de la *buena* literatura: la presentación del mundo como un complejo de contradicciones que reflejara objetivamente la realidad española de aquel momento. Por otra parte, la inconfesada esperanza de un cambio revolucionario sobrevaloraba la potencia de un proletariado todavía despolitizado y fuertemente oprimido. Y por si fuera poco, el voluntarismo político convertía a la literatura en un instrumento de substitución de lo que no existía: una vida política consciente, de combate, de lucha civil eficaz contra el Régimen. Parecía como si, de pronto, la débil izquierda española se hubiera crecido y estuviera a punto de tomar el poder. La literatura se había salido de madre y se presentaba como una vanguardia —a la que apenas seguía nadie—. Libros de poesía de un tiraje de quinientos ejemplares reservados a los amigos y novelas encuadernadas en tela —es decir, aptas para ser compradas sólo por la burguesía ilustrada—, se convirtieron en el portaestandarte de una revolución en agraz, mientras los intelectuales firmábamos papeles —uno tras otro— protestando contra las arbitrariedades del Régimen: fueron unos bellos momentos de euforia que, en un momento dado, se vinieron abajo. Los escritores —excepto en su actuación cívica— no sólo no habían hecho política eficaz, sino que habían olvidado los medios y los fines de la literatura. De más de seis años de euforia no quedaban sino media docena de libros válidos —un par de novelas y algunos libros de poemas— y el resto había desaparecido para siempre o permanecía como objeto de tesis de algún estudiante norteamericano. En vez de «realismo», se había practicado una especie de naturalismo muy del siglo XIX y, por si fuera poco, el crecimiento económico había transformado notablemente las estructuras de la sociedad española, hasta el punto de obligar a nuevos planteamientos tácticos de la izquierda.

A partir de 1962, algunos escritores empezaron a enmudecer. El estupor del fracaso esterilizó definitivamente a muchos de ellos. Otros, quizás más inteligentes, siguieron trabajando en silencio, meditando sobre las causas y las consecuencias de sus errores. En todo caso, algo fue puesto en evidencia: *la extrema fragilidad ideológica de la izquierda intelectual española.* Como he señalado en otro lugar, refiriéndome a la crítica, es aplicable a los escritores

españoles la confesión hecha por Lukács en el prólogo a la nueva edición de su *Teoría de la novela*:
«...se diría que el autor se hacía una idea del mundo
que procede de una ética *de izquierda* y una epistemología *de derecha*».

Pero no todo fue negativo en esta experiencia:
por primera vez en muchos años no sólo los escritores españoles se vieron obligados a plantearse problemas profesionales desde un punto de vista ideológico, sino que también, casi por primera vez en la
historia de España, se avizoraron síntomas de desarrollo de un pensamiento de *izquierda* de inspiración
marxista que, además y por la fuerza de las circunstancia, exigía unos planteamientos que ya no podían
ser elementalmente dogmáticos.

V

A lo largo de estos últimos años de meditación,
se han ido haciendo patentes para algunos los supuestos sobre los que puede sobrevivir y renovarse
la literatura española. El ejemplo más claro ha tenido lugar en la poesía. Una mayor normalidad en
este género ha permitido que la crisis haya sido menos violenta y que, en definitiva, media docena de
poetas de la generación «del medio siglo» la hayan
atravesado no sólo indemnes, sino probablemente
enriquecidos por la experiencia. Una doble negativa
se ha impuesto a esos poetas: en primer lugar, el
rechazo de una cierta poesía «oficiosa», es decir, im-
puesta por el «establishment» literario madrileño
que, desde finales de la guerra civil, había venido
otorgando —en abundancia y con escasa fortuna, hay
que decirlo— patentes de poeta a todo el ámbito es-

143

pañol, desde unos niveles culturales de un puro provincianismo, totalmente de espaldas a las preocupaciones y problemas de la literatura contemporánea; y en segundo lugar, el rechazo, también, del «error» de los años cincuenta: una falsa poesía «social», reducida a una simple transposición en verso de una serie de fórmulas sentimentales y morales más o menos estereotipadas, escritas con clara intención política, pero al margen de todo planteamiento de la poesía como creación artística. Los mejores poetas de la generación «del medio siglo» han sabido encontrar así, a lo largo de los últimos años, una voz propia, a la vez ligada a los mejores poetas en la tradición poética anterior —en una nueva valoración de sus mayores— y a la rama renovadora de la poesía europea o americana de su tiempo.

No ha sucedido así en el campo de la novela. Como ya hemos dicho, muchos novelistas cayeron en la trampa de utilizar sus novelas como un arma política. Y a diferencia de lo sucedido con la poesía, los novelistas parecen haber naufragado en un porcentaje muy elevado.

Quizás Rafael Sánchez Ferlosio —autor de dos libros tan interesantes como contrapuestos: *Andanzas y desventuras de Alfanhuí* (1951) y *El Jarama* (1956)— fue el primero que intuyó la necesidad de un cambio radical de la novela de la posguerra y el que con mayor fuerza se rebeló contra el «establishment» que, en aquellos momentos, representaban autores como Camilo José Cela. Sus dos tentativas novelescas le llevaron a intentar renovar no sólo las técnicas narrativas tradicionales, sino también a forzar el lenguaje para vivificar una lengua demasiado petrificada y envejecida como es el castellano literario. Sánchez Ferlosio, probablemente demasiado consciente de la magnitud del problema con el que se habían de enfrentar los escritores de su generación, prefirió dejar de publicar —a partir de 1956— y dedicarse a estudios lingüísticos y gramaticales, de los cuales quizás algún día conoceremos los resultados. En todo caso Sánchez Ferlosio apuntó ya en sus novelas unos problemas que no llegó a formular públicamente, desde un punto de vista teórico.

Un pasó más adelante dio Luis Martín-Santos. que publicó su primera y única novela a los treinta y ocho años. *Tiempo de silencio* ha sido el esfuerzo más notable —y más eficaz— para desmitificar el mundo de la posguerra española, tanto desde un planteamiento temático, como desde un intento de renovación del lenguaje. Entre sus respuestas a la encuesta a la que nos hemos referido al comienzo de estas páginas, Martín-Santos define lo que para él es la función de la literatura: «*La literatura tiene dos funciones bien definidas frente a la sociedad. Una primera función relativamente pasiva: la descripción de la realidad social. Otra función especialmente activa: la creación de una Mitología para uso de la sociedad. En ambas funciones la Literatura ejerce su capacidad para llegar a ser una técnica de transformación social. En cuanto que descripción pone el dedo en las llagas sociales y suscita tomas de conciencia de las mismas. En cuanto Mitología, puede actuar de dos modos opuestos: si se trata de una Mitología enajenada, como encubrimiento de lo injusto; si se trata de una Mitología progresiva, como pauta ejemplar de realización*». Desde este punto de vista, la literatura es aceptada como técnica de transformación social, pero a condición de que opere no a través de un naturalismo impregnado de una ideología en su formulación más elemental —como ha-

145

bían intentado la mayor parte de los jóvenes novelistas españoles—, sino a través de la función creadora de la novela, es decir, a través de la descripción de la realidad hecha con los instrumentos propios de la literatura.

Voluntariamente callado Sánchez-Ferlosio, desdichadamente desaparecido Martín-Santos, sólo, entre los novelistas de su generación, Juan Goytisolo ha proseguido una meditación que, cuando menos, servirá a los futuros historiadores como punto de referencia para intentar explicar las causas del oscuro presente de la novela española. Sus ensayos recogidos en *Problemas de la novela* (1959) fueron la primera muestra de sus inquietudes teóricas. Sorprendido, también, como sus compañeros, por la crisis en que a partir de 1962 se vio sumida la literatura española, Goytisolo ha sabido reaccionar con inteligencia. En primer lugar, ha tenido la valentía de someter su obra a una pública revisión, hecho bastante inhabitual en un mundo literario tan escaso de sinceridad, como de capacidad autocrítica. Pero, en segundo lugar, ha sabido formular las posibles causas de una crisis, que es tan literaria como política, tan histórica como cultural.

Consciente de sus propias limitaciones, y de las de su generación, Goytisolo dejó de publicar, a partir de 1962, literatura narrativa de creación y emprendió una larga etapa de reflexión, durante la cual y hasta la aparición, en 1967, de su última novela, *Señas de identidad,* editó algunos libros de viaje y numerosos artículos en los que iba reflejando el estado de sus meditaciones. Abarcaban éstas, temas políticos, literarios y culturales, porque la crisis de la literatura española en esos años no podía derivar-

146

se únicamente de una súbita ofuscación de los escritores, sino que traducía una crisis mucho más profunda, que afectaba a toda la sociedad española y que tenía sus orígenes más allá de la guerra civil. Los trabajos de Goytisolo, que han aparecido —por la fuerza de las circunstancias— fuera de España, son hoy todavía prácticamente inéditos para el público peninsular, como lo es —por razones obvia— su última novela. Nos referiremos solamente a tres de ellos que se refieren a nuestro tema de hoy: los artículos «Examen de conciencia» (*Número*, 2.ª época, año 1, n.º 1. Montevideo, abril-junio 1963) y «Literatura y eutanasia» (*Marcha*, n.º 1307/8, junio 1966) y la entrevista «Destrucción de la España sagrada» (*Mundo Nuevo*, n.º 12. París, junio 1967), hoy recogidos en volumen (*El furgón de cola*. Ruedo Ibérico. París, 1967).

En «Examen de conciencia», Goytisolo habla de la politización de los intelectuales españoles y del reflejo mecanicista de esa politización en sus obras. Un maniqueísmo *à rebours* es el resultado del período de concienciación política iniciado en 1956: en las obras de sus escritores «*el pueblo español vive de la renta de un capital de heroísmo forjado durante los tres años de la guerra civil*», pero «*el comportamiento heroico de un pueblo en un momento determinado de su historia no autoriza a considerarlo y tratarlo como tal de manera vitalicia*». No existe una confrontación racional, sino emotiva del escritor, con la realidad social. Frente a ello, Goytisolo reclama que los intelectuales indiquen sin rodeos «*que las virtudes y defectos de un pueblo no son características definitivas y permanentes de su modo de ser, sino que nacen, se desenvuelven y mueren de acuerdo con las peripecias de su historia*». Existe una función social de la literatura que los escritores españoles no han sabido asumir y toda su obra se resiente de ello.

«Literatura y eutanasia» consta de dos partes. La primera es un intento de caracterización de la generación «del medio siglo». La segunda —cuyo título es «Dinamitar la tradición»—, contiene una confesión de algunos de los errores —quizás inevitables en el contexto histórico español, pero en todo caso evidentes— cometidos por todo un grupo de escritores: «*En el momento en que aparecen las primeras novelas y poemas de la generación "del medio siglo", el fin de la guerra fría, el deshielo ideológico del campo socialista, alimentan la transformación radical y a corto plazo de la anacrónica sociedad española: este objetivo (irrealizable, lo sabemos hoy) parecía exigir de nosotros la movilización, a su servicio, de todas nuestras energías. Como en Italia durante los últimos estertores del fascismo o en la Europa ocupada por los nazis, el quehacer literario se integraba en una lucha más general y ajena a la literatura, en la que ésta actuaba a manera de avanzadilla (...) Escribir un poema o una novela tenía entonces (así lo creíamos) el valor de un acto: por un venturoso azar histórico acción y escritura se confundían en un mismo cauce, literatura y vida se identificaban... Este espejismo del que quien más, quien menos, fuimos todos víctimas, no podía prolongarse (la crisis inicial había que situarla, creo yo, entre 1959 y 1960): cuando, poco a poco, los escritores abrimos los ojos descubrimos que nuestras obras no habían hecho avanzar la revolución en una pulgada (en este período, por el contrario, la habíamos visto retroceder)*» (...) «*Los orígenes de esa confusión habría que buscarlos, tal vez, en nuestra acepción mezquina y esquemática del término "compromiso": no del compromiso total, admirablemente expuesto por Leiris, sino opción superficial y mecánica que nada nos dice acerca del escritor que la asume, ni nos comunica o revela la intensidad de su experiencia.»*

Finalmente, convendrá que nos detengamos un momento en algunas consideraciones de la entrevista de *Mundo Nuevo,* tercero y último de los textos que hemos escogido. Para Juan Goytisolo, el escritor español se encuentra, en la actualidad, obstaculizado en su quehacer por tres clases de impedimentos de orden diverso: el lingüístico, el de la tradición cultural y el social y político de la realidad histórica actual.

Respecto a la lengua literaria, *«hay una superstición idiomática en España que dificulta probablemente la búsqueda de nuevos lenguajes. Se ha creado un lenguaje codificado, un lenguaje embalsamado. Hay una tradición de la prosa española, que va desde Quevedo a Valle-Inclán y de la que Cela es el epígono más claro, que es la que gusta a los académicos y que ellos consideran como la quinta esencia del Bien Decir, como el canon literario español. A mí esta prosa me parece cadavérica, me parece un simple excremento idiomático. En algunos autores, el grado de putrefacción del idioma es enorme. Se diría que hasta huele mal».* A las tentaciones de ese castellano, de ese casticismo académico que «ha matado lentamente la literatura española, sobre todo a partir del siglo XVIII» (Rodríguez Monegal), han sabido escapar los escritores latinoamericanos de los últimos veinte años y ésa es una de las claves de la renovación actual de su literatura: *«...han traslada-*

do (esos escritores) el interés del léxico a la sintaxis,
es decir, a la estructura narrativa, a la estructura
rítmica de la frase, adaptándolo a las corrientes lin-
güísticas argentinas, mexicanas, cubanas, peruanas
(...) Esta situación permite a los novelistas latino-
americanos crear una prosa nueva en ruptura con la
norma academica española, una prosa que se apoya
en una corriente lingüística real».

Pero no es sólo contra una lengua «cadavérica»
que ha de luchar el escritor: existe, además, una
tradición cultural inmediata —reflejo de la «España
sagrada»— que hay de «dinamitar» y destruir, «*por-*
que la sociedad española de hoy no tiene que ver
absolutamente nada con la del 98 (...) la España que
conocían Unamuno y Ortega no es en absoluto la
España actual (...) Nosotros seguimos con anteoje-
ras una tradición literaria: hay un mito del 98, como
hay un mito del 36 igualmente nocivo y debemos de-
jar en paz a Unamuno y García Lorca si queremos
saber dónde estamos o adónde vamos, en qué situa-
ción concreta vivimos». España y la cultura española
están mitificados de tal manera que ya no son materia viva para el escritor: «*Vivimos rodeados de mitos*
(...) estamos asfixiados por esos mitos (...) mientras
no sepamos dónde estamos no podemos hacer un ar-
te válido». Pero, precisamente, «*uno de los objetivos*
del arte ha sido siempre destruir todo automatismo,
todo lo que es mito». He aquí, pues, una de las funciones —pocas veces cumplida— del escritor español de hoy: subrayar la ruptura dolorosa, pero nece-
saria, entre mito y realidad, entre la realidad cruda
y la realidad embellecida —y petrificada— por el
mito.

Finalmente, la situación política y social de la

España de hoy constriñe poderosamente al escritor. El escritor español no es libre y lo sabe muy bien. En primer lugar, está la censura: la ausencia de una prensa libre obliga al escritor —y al novelista, especialmente— a un trabajo de sustitución: «*Todos los escritores españoles sentíamos una necesidad de responder al apetito informativo del público dando una visión de la realidad que escamoteaba la prensa. En cierto modo, creo que el valor testimonial de la literatura española de estos años reside en esto*». Pero lo cierto es que este tipo de literatura testimonial ha desviado la atención de los escritores de su finalidad creadora estricta: se han conformado con hacer un cierto tipo de naturalismo documental que poco tiene que ver con la novela, aunque esté lleno de valores cívicos y morales. Lo que es peor, sin embargo, es que los escritores han caído en la trampa de los viejos o más recientes mitos españoles y sus planteamientos de la realidad no han respondido a la verdad de la situación histórica: «*Durante mucho tiempo, la intelectualidad española ha vivido en un falso dilema: o bien un inmovilismo representado por el Régimen, o bien una posibilidad, una esperanza revolucionaria. Es un hecho que la realidad nos ha burlado y creo que ha burlado a todo el mundo. Hoy en día España está convirtiéndose en una sociedad industrial, vamos hacia la moderna sociedad de consumo y todo esto ocurre bajo un Régimen que primitivamente había sido creado para que este cambio no se produjese*». Y los escritores han sido incapaces de dar una visión real de este mundo en transformación: no han sabido ver que entre las vetustas superestructuras políticas e institucionales y los cambios estructurales de la sociedad española existe ya un abismo —incluso insalvable para el mismo Régimen.

VII

Si aceptamos, en líneas generales, la triple propuesta de Goytisolo —la lengua, la tradición cultural y la realidad política y social—, veremos hasta que punto su meditación conlleva unas conclusiones —probablemente muy próximas a las que podrían deducirse de las respuestas de Martín-Santos a nuestros cuestionario—, que hoy encontrarían entre los escritores españoles un eco más amplio del que hubieran encontrado hace unos años, en el momento de euforia y ascensión de la generación «del medio siglo».

En primer lugar, frente a los problemas que plantea una lengua envejecida, esclerótica, muy decantada ya culturalmente, el escritor debe reaccionar con un notable esfuerzo de destrucción de las estructuras lingüísticas actuales, en el bienentendido que ese esfuerzo de destrucción se le convertirá a la vez en un ejercicio de renovación de la lengua, base primera para una contribución a la renovación de las estructuras mentales de los lectores. Cuestiones de este tipo son las que se están planteando hoy los escritores europeos que tienen conciencia de los problemas estéticos y políticos de la época. Por el contrario, la literatura española permanece anclada en la etapa anterior a 1850, cuando el escritor dejó de ser un portavoz de la divinidad y pasó a ser la conciencia desdichada de la humanidad. Desde aquel momento, el lenguaje literario clásico dejó de existir y aunque en España, más de un siglo después, todavía no nos hemos dado cuenta, la literatura pasó a ser una problemática de la lengua.
Sigamos, por unos momentos, a Roland Barthes.

«La lengua (...) es solamente un reflejo sin opción, la propiedad indivisa de los hombres y no de los escritores; está fuera del ritual de las letras; es un objeto social por definición, no por elección». «La lengua está, pues, más acá de la literatura. El estilo (en el sentido tradicional) está casi más allá (...) Así, bajo el nombre de estilo, se forma un lenguaje autárquico que no se sumerge más que en la mitología personal y secreta del autor (...) Es la "cosa" del escritor, su esplendor y su cárcel: es su sociedad. Pero existe la "escritura" (l'écriture) (...) Lengua y estilo son datos antecesores de toda problemática del lenguaje, son el producto natural del Tiempo y de la persona biológica, pero la identidad formal del escritor no se establece en verdad más que fuera de la instalación de las normas de la gramática y de las constantes del estilo (...) Lengua y estilo son fuerzas ciegas; la "escritura" es un acto de solidaridad histórica. Lengua y estilo son objetos; la "escritura" es una función: es la relación entre la creación y la sociedad, es el lenguaje transformado por su destino social, es la forma en su intención humana y ligada así a las grandes crisis de la historia.»

¿Cómo proponerse y resolver el problema de lo que Barthes llama la «escritura»? En primer lugar, con un planteamiento radical de la cuestión, hoy por hoy casi inédito en España. En segundo lugar, operando lo que Goytisolo llama la «violación individual» de la lengua: «El escritor español, cuando quiere romper con esta tradición (la de Séneca, el toro, Castilla, el Cid, Soria pura, me duele España...), no se puede apoyar en una corriente lingüística popular; tiene que hacer un acto de violación individual, lo cual es mucho más difícil». Un intento como el de

Martín-Santos, en *Tiempo de silencio*: en definitiva, casi un terreno virgen.

Si el planteamiento de los problemas lingüísticos ha de ser radical, no menos radical tendrá que ser la revisión de toda la tradición cultural española. Hemos citado anteriormente la confesión de Lukács respecto a una de sus primeras obras. En realidad, la «epistemología de derecha» de los escritores españoles que practican una «ética de izquierda» proviene en buena parte de su aceptación de una tradición sucesiva y reiteradamente interpretada y puesta al día por el pensamiento conservador. Hay que desmitificar la tradición cultural —y la Historia de España, que es una historia de diversidades y no de *unidad*; de miseria y no de *grandeza*; de opresiones y no de *libertad*— y hay que hacerlo con rigor, y con la más tranquila y objetiva pasión iconoclasta posible. «Nuestra moral deriva de las necesidades de nuestra lucha», dice en alguna ocasión Brecht contra la *otra* moral, la moral heredada y muy claramente conservadora. Por eso, no debemos tomar en consideración falsos motivos éticos —ni claro está, patrióticos— al enjuiciar la tradición cultural española y mucho menos la más próxima a nosotros: la primera de las necesidades de la lucha es precisamente la clarificación, para saber exactamente dónde estamos y cuáles son nuestros objetivos y para saber cuáles han de ser los medios que hemos de utilizar para conseguirlos. Todo un programa de revisión de la tradición cultural española está por hacer y mientras no leguemos a las generaciones que nos han de seguir el inicio de un trabajo en este sentido, habremos fracasado en nuestra labor y no habremos sido otra cosa que un eslabón más de la «epistemología de derecha» que éstas heredarán. A la izquierda española le ha faltado un Gramsci —por poner un ejemplo— alguien que haya sido capaz de proponerse y realizar la valoración —con ojos históricos bien abiertos— de nuestra historia cultural, de la realidad de nuestra Historia. De ahí, uno de los orígenes de la debilidad ideológica de la izquierda española; de ahí, la estrecha plataforma cultural de los intelectuales.

Finalmente, es preciso un constante y riguroso análisis de la realidad actual, tan objetivo y sereno como sea posible, aunque resulte a primera vista —¡y lo resulta!— desesperanzador. Cuando se quiere transformar una sociedad determinada, lo primero que hay que hacer es saber de qué sociedad se trata: la voluntad de transformación tiene que aplicarse utilizando los medios idóneos para tal transformación y esos medios sólo se conocen en función de la realidad social a transformar. Escribo esas obviedades porque muchos escritores españoles han antepuesto su voluntad y sus deseos al conocimiento de la realidad —y lo peor es que lo han hecho llamándose a sí mismos escritores «realistas», es decir, amparándose, para su labor literaria, en la llamada «estética del realismo»—. Tendremos que volver a Brecht, una vez más: «... hay que interrogar a la realidad y no a la estética — ni tan sólo a la del realismo».

VIII

Quizás a lo largo de estas páginas haya encontrado ya, el lector, la respuesta a las interrogaciones que nos hacíamos al empezar : *¿por qué tanta destrucción? En esta España perpetuamente en ruinas ¿qué queda ya por destruir?* La respuesta era obvia:

las mismas ruinas, esa falsa apariencia que impide la reconstrucción de España sobre unos cimientos nuevos y profundos.

En este programa hay una misión específica para los escritores: hay que destruir y aventar, definitivamente, el cadáver de la lengua, los despojos de la tradición y el fantasma de la falsa realidad del país. Hay que acabar de derruir y hay que limpiar los escombros del derribo. «Hem de fer foc nou», decimos en Catalunya. Un «fuego nuevo» que nos alumbre y nos reconforte a todos.

1967

GUION PARA UNA CONFIGURACION HISTORICA DE LA CRITICA SOCIOLOGICA

A. *Sociología de la literatura y Crítica sociológica*

Muy esquemáticamente, podríamos decir que las relaciones entre Literatura y sociedad —desde el punto de vista de los intereses de este Seminario— pueden enfocarse
  a)   tomando la sociedad como punto de partida
  b)   tomándola como meta de llegada
es decir, considerando la sociedad como un elemento que forma parte de la génesis de la obra literaria o teniéndola en cuenta como simple destinataria de esta última.

Así, denominaremos «crítica sociológica» al estudio de la Literatura que parte del supuesto a) —o sea que cree que no puede prescindirse de los elementos sociales que están en los inicios de toda obra literaria, tanto los referentes al autor como los que se refieren al momento histórico en que la obra es creada— y denominaremos «sociología de la literatura» a los trabajos que, partiendo del supuesto b), estudian los efectos de la obra literaria en su incidencia sobre la sociedad.

Finalmente, la «crítica sociológica» implica un juicio sobre la naturaleza de la literatura, a la que considera esencial y estructuralmente *social*, frente a los criterios que otorgan el predominio genético a otros factores como los formales, los psicológicos, etc. Por el contrario, la «sociología de la literatura» —más joven que la «crítica sociológica»— no implica ese juicio y puede ser elaborada al margen de criterios ideológicos.

Con todo respeto por aquellos que se dedican a la «sociología de la literatura» —y con el aprovechamiento de las lecciones que suponen algunos trabajos importantes en la materia, como los del profesor Escarpit— siempre me he interesado más, personalmente, por los estudios de «crítica sociológica» y, en este sentido, me permito someter a este Seminario sobre «Sociología de la Literatura» unas notas sobre la evolución histórica e ideológica de la crítica que hemos convenido en llamar «sociológica», centradas en una querella marxista objeto de debate a lo largo de muchos años de nuestro siglo.

B. *Algunas etapas de la crítica sociológica*

1. La «crítica sociológica» corresponde a una evolución del pensamiento histórico: en sus orígenes podemos hablar de Vico, de Herder, de Hegel, etc., como inspiradores de toda una concepción de la historia, hasta —en nuestro tema— llegar a Taine (aunque también haya que citar a los críticos-históricos como Michelet, Renan y Sainte-Beuve), en quien se refleja toda una rama de pensadores cuyo pensamiento culmina al margen del marxismo naciente. La teoría del *milieu*, de Taine, según la cual

158

el «medio ambiente» es el factor determinante de todo proceso histórico y está sometido a y puede ser objeto de, en principio, las mismas previsiones que los fenómenos de la ciencia natural, tiene su traducción en el estudio de los fenómenos artísticos tomando en cuenta el *momento histórico*, la *raza* y ese conjunto de factores que forman el *medio*, entre los cuales, sin embargo, todavía no se han incorporado los *económicos*, introducidos por Marx y Engels y que determinarán un giro fundamental en la concepción de la crítica de la literatura y el arte.

Más directamente, algunos críticos como V.G. Belinski cumplen una evolución en la línea que, para simplificar, diremos que conduce de Feuerbach a Marx: el paso de Belinski al materialismo se traduce en manifestaciones del período 1844-1845, recogidas por Ignazio Ambrogio en su libro sobre este autor.* Más tarde, N. G. Chernichevsky y otros autores nos conducirán a los primeros grandes críticos marxistas, como Plejanov.

Pero son Marx y Engels, en diferentes escritos a lo largo de su extensa obra, quienes nos dan la dimensión exacta del cambio, es decir, de la incidencia de la problemática materialista en el enfoque del desarrollo superestructural: «El desarrollo político, jurídico, filosófico, religioso, literario, artístico, etc., descansan sobre el desarrollo económico. Pero todos reaccionan entre sí y también ante la base económica. No se trata de que la situación económica sea la *causa*, lo *único activo*, y que todo lo demás sólo sea efecto pasivo, sino que se trata de un efecto de cambio sobre la base de la necesidad económi-

---

* *Belinskij e la teoria del realismo*. Editori Riuniti, Roma, 1963.

ca que se impone siempre en *última instancia*» (Engels).

2. Propiamente en el campo de la crítica, G.W. Plejanov es el primero de los grandes críticos marxistas en influir durante todo un período histórico, que Cesare Cases encuentra coincidente —y no sólo cronológicamente— con el de la Segunda Internacional. Muy esquemáticamente, diríamos que el marxismo es considerado todavía únicamente como una doctrina económica y sociológica y, por consiguiente, se considera que ética y estética, por ejemplo, tienen un funcionamiento autónomo. Dentro del marxismo hay libertad para el enfoque crítico de los problemas de la literatura y el arte. En realidad el aporte marxista se limita a una consideración general sobre las actitudes propias de las posiciones *de clase*, como un enfoque genético complementario y enriquecedor de concepciones como la de Taine. Franz Mehring es otro de los críticos que asumen posiciones parecidas en el período.

Ahora bien, la ausencia de una estética y de una crítica marxista elaboradas produce un resultado negativo durante un largo período, dado que muchos de los seguidores de Plejanov se complacen dentro de las corrientes del «sociologismo vulgar», en considerar básicamente las obras literarias a través del punto de vista que se supone ser el de la clase social a que pertenece el escritor. Así, la libertad de enfoque crítico de Plejanov da paso, involuntariamente, a todos los abusos de la concepción mecanicista de clase de la época staliniana que culminan en las denuncias de Zdanov. Las etapas del paso de la autonomía de la crítica a su sujeción absoluta a la ideología del poder, podrían ser enumeradas, esquemáticamente, de la siguiente manera:

1. Autonomía
2. Necesidad de una valoración sociológico-ideológica de la literatura
3. Punto de vista genético de clase
4. Urgencia de la lucha de clases
5. Posposición momentánea de la discusión teórica de los problemas estéticos
6. Utilización de la literatura y el arte como instrumentos de la lucha de clases
7. Preocupación exclusiva por el contenido y el destino de la obra de arte
8. Instrumentalización de la obra artística al servicio del Estado.

Antonio Gramsci y Bertolt Brecht, entre otros grandes pensadores marxistas, se levantarán contra la simplificación de la época staliniana y desmitificarán el populismo y formularán el sentido de la auténtica cultura popular, de un carácter nacional-popular.

3. El pensador que rompe, a través de una obra elaborada y coherente de grandes proporciones, con el «sociologismo vulgar» anterior, es György Lukács, en la etapa que correspondería en parte a la Tercera Internacional. Lukács se refiere, evidentemente, a Marx, pero parte de la crítica de Hegel y utiliza elementos del pensamiento de Lenin: es probablemente uno de los pocos grandes innovadores marxistas de los últimos decenios. Para Lukács, el arte *refleja directamente* las relaciones entre los hombres dentro de un determinado modo de producción, mientras que refleja todo lo demás que constituye el mundo de la naturaleza y de los objetos *a través* de las relaciones humanas. De esta proposición se desprenderán dos conclusiones: 1. El arte y la literatura no corresponden de una manera automática al punto de vista de clase (el *reflejo* es, con toda evidencia,

161

un *reflejo* manipulado, quizás ideológicamente, pero sobre todo, en los grandes autores, estéticamente, como en el caso de Balzac); 2. El arte, que por scr superestructura tendría que desaparecer con la estructura que lo engendra, *refleja* situaciones y momentos históricos que adquieren carácter «clásico» o, por decirlo de otro modo, que la memoria colectiva de la humanidad se reconoce en ellos; 3. Hay, pues, una independencia relativa y original de los fenómenos superestructurales en relación con la evolución de la estructura de la cual emanan.

4. A pesar de todas las críticas que, desde fuera y desde dentro del marxismo, puedan hacerse a Lukács, su obra es sumamente sugerente y a partir de ella se han desarrollado una serie de concepciones de «crítica sociológica», entre las cuales cabe destacar, en la última posguerra, la de Lucien Goldmann. Antes, sin embargo, habría que indicar su influencia, a raíz de *Historia y conciencia de clase* (1923), sobre numerosos pensadores europeos, en especial, el grupo de la Escuela de Frankfurt que, posteriormente, ha polemizado con él y que ha tratado desde otros puntos de vista —pero siempre próximos al marxismo— los fenómenos estéticos y literarios: en este sentido habría que citar las aportaciones de Adorno y Benjamin, especialmente. Para este último el arte es *afirmación del mundo y anticipación de la utopía* y por ello tiene que ser *vanguardista*, contra la concepción del realismo lukacsiano.

Goldmann, finalmente, hizo una interesante evolución que en sus últimos tiempos le aproximó a los estudios literarios de algunos estructuralistas. Algunas de sus tesis principales podrían formularse, resumidamente, diciendo que cada clase social tiene una visión del mundo, pero las obras literarias se conciben como homólogas de momentos históricos

determinados: así la novelística del siglo XIX correspondería a una situación social dominada por el individualismo burgués nacido de la producción para
el mercado, del mismo modo como el *nouveau roman* francés, por ejemplo, otorga a los objetos la
importancia que se les reconoce en las sociedades de
neocapitalismo consumista. La búsqueda de las estructuras literarias homólogas a las estructuras sociales de un momento histórico concreto sería el trabajo a realizar hoy por el crítico sociológico.

PARA UNA CRITICA DE LA CRITICA

A tono con la mediocridad que preside el panorama actual de las letras españolas, la crítica literaria se nos ofrece como un conjunto desdibujado de colaboraciones periodísticas, entre las cuales sólo de vez en cuando aparece algún artículo que nos permite sospechar la presencia de un «profesional», en medio de la masa informe de reseñas o recensiones de libros con que, con cierta aunque insuficiente abundancia, nos obsequian los periódicos, las revistas de información general, la radio —apenas la TV— y las muy escasas revistas literarias del país. Me estoy refiriendo, claro está, a la que debería ser la crítica «militante», es decir, la crítica que ejerce en los órganos de información, entendiendo por «militancia» no sólo la que se deriva del periódico enfrentamiento con las novedades editoriales, sino —en el sentido que, por ejemplo, tiene la expresión en Italia— al desarrollo cultural, estético e ideológico de una actividad literaria de profunda raigambre y de notable importancia en la mayor parte de las culturas próximas a nosotros.

He dicho que la crítica se manifiesta dentro del tono general de mediocridad de la actual literatura de creación y, con ello, podría parecer que he dado un principio de explicación —e, incluso, de justificación— a sus propias carencias: en efecto, si se considera a la crítica solamente como un ejercicio subordinado a la existencia previa de poemas, novelas o ensayos y como un reflejo de los mismos, la ausencia de calidad de éstos conllevaría, por contagio, un nivel parecido y correlativo de aquélla. Dicho en otras palabras y como ejemplo, si una novela no contiene elementos creativos y originales, la crítica no puede ir más allá de denunciar el hecho, quedando empobrecida ella misma por la falta de «incitaciones» que dicha novela ofrece al lector y al crítico. Y si doy este ejemplo tan elemental es porque me ha sido sugerido por un joven crítico en respuesta a unas declaraciones mías en las que acusaba a la crítica, en general, de no haber sabido estar a la altura que exigía la presente circunstancia de la literatura española.

Sucede, sin embargo, que a mi entender la crítica tiene que tener una existencia autónoma frente a la «calidad» de la literatura de creación que se produce en un momento determinado. Como dice Barthes, la crítica es una «actividad» —y no una «pasividad»— y como tal tiene una dinámica, unos objetivos y un quehacer propio: la crítica es una secuencia de actos intelectuales profundamente arraigados en la existencia histórica y subjetiva de aquel que los ejecuta y se responsabiliza de ellos. Y, por lo mismo, no tiene por qué depender del «talento» o de la «falta de talento» del creador. Bertolt Brecht decía de aquellos a quienes consideraba buenos críticos: «No se trata en modo alguno de personas que reconocen nuestro talento, sino que son unas personas que comienzan por no ocuparse ya de la cuestión del talento».

165

Por ello, cuando reprochamos a la crítica española haberse dejado contagiar por la mediocridad general de un momento literario de escaso mérito e interés —respetando siempre a las pocas pero evidentes excepciones—, lo que hacemos es revelar su falta de planteamientos propios. La generalidad de los llamados críticos literarios —y aquí también cabe hacer escasas, pero evidentes excepciones— siguen ejerciendo su profesión dentro del marco más tradicional de la crítica de gusto o de la crítica de juicio: «este libro *me gusta* o *no me gusta* o es *bueno* o es *malo* por estos u otros motivos». Pero este planteamiento elemental y un tanto arcaico encadena siempre la crítica a la obra «juzgada» y tiende a salvarla o a condenarla con ella: la «nueva crítica» francesa ha señalado muy oportunamente que mientras la crítica tuvo como función tradicional el juzgar, sólo podía ser conformista, es decir, conforme a los intereses de los jueces. Por el contrario, la verdadera crítica de las instituciones y de los lenguajes no consiste en juzgarlos, sino en *distinguirlos*, en *separarlos,* en *desdoblarlos*.

No es el objeto de este artículo enumerar los distintos métodos de la crítica contemporánea, ni de postular la bondad de alguno sobre los otros: cada cual es libre de elegir su camino. Pero espero que no parezca atrevido sugerir algunas consideraciones sobre posibles salidas de una situación que, cuando menos, es enojosa por su escasa amenidad y su evidente anacronismo.

Destruir rejuvenece

Digamos, ante todo, que la crítica española se

caracteriza por su falta de profesionalidad. Profesional no es sólo quien profesa una actividad periódica y remunerada —aunque sobre la remuneración de la crítica literaria en España sea justificado todo escepticismo—. Profesional es, ante todo, quien se plantea con rigor el oficio y atiende a la elección y renovación de sus útiles de trabajo, lo cual significa, por lo menos, poseer una información al día y un interés permanente por las corrientes, movimientos y planteamientos teóricos que se suceden, dentro de los límites abarcables a través de un exigente pero no exagerado esfuerzo de documentación. En este sentido, la falta de profesionalidad caracteriza a la crítica española como un estado de constante intrusismo, por aquello de que cualquiera es bueno para hacer una reseña de libros.

La profesionalidad, basada antes en el análisis que en la valoración de las obras, daría una cierta coherencia al panorama crítico español. Quiero decir que con la eliminación del intrusismo y la de los elementos subjetivos que caracterizan el ejercicio de las críticas de gusto o de juicio, los críticos serían más fácilmente identificables por parte de los lectores y, en consecuencia, su grado de fiabilidad —dentro de la libertad de elección de cada lector— sería muy superior a la actual, incrementándose así una de las posibles funciones de la crítica: la de la orientación de sus destinatarios.

Finalmente, la profesionalidad propiciaría una mayor comunicación entre lectores y críticos (e incluso entre críticos y autores) —hoy en día prácticamente inexistente—, como consecuencia de la personalización de la crítica. Probablemente, una de las mayores frustraciones de la crítica actual consiste en el propio convencimiento de su inoperancia, de su falta de capacidad de provocar reacciones —favo-

167

rables o en contra—, de su escasa recepción por parte del público lector.

Por otra parte, la crítica debería cumplir otras funciones a las que hoy apenas se atreve y que, sin embargo, son las más adecuadas en momentos de atonía y de desorientación creadora, como los actuales. Me refiero a las propuestas dialécticas a los autores de estudio y discusión conjuntos de la situación; a la constante reflexión pública sobre sus propios límites; al análisis de lo que Brecht llamaba «las falsificaciones de la realidad», que se producen cuando se emplean formas artísticas viejas o periclitadas para describir o para analizar los cambios constantes de la sensibilidad de un mundo que se renueva día a día.

Más aún: yo diría que, en las presentes circunstancias, lo más útil sería que la crítica utilizara un poder que potencialmente siempre ha tenido, es decir, lo que Walter Benjamin llamaba «el carácter destructivo», este carácter destructivo que algunos de nuestros más lúcidos autores están empleando ya en sus obras de «creación». Puesto que parece evidente que la literatura española necesita una gran renovación —y no sólo la literatura, sino toda la sociedad— me atrevería a proponer a los críticos que usasen de ese «carácter destructivo» que, en palabras de su definidor, «es joven y alegre». Porque «destruir rejuvenece, ya que aparta del camino las huellas de nuestra edad, y alegra, puesto que para el que destruye dar de lado significa una reducción perfecta, una erradicación incluso de la situación en que se encuentra. A esta imagen apolínea del destructivo nos lleva, por de pronto, el atisbo de lo muchísimo que se simplifica el mundo si se comprueba hasta qué punto merece la pena su destrucción (...). El carácter destructivo sólo conoce una consigna: hacer sitio; sólo una actividad: despejar. Su necesidad de aire fresco y espacio libre es más fuerte que todo odio».[1]

Y no sólo «el carácter destructivo». Momentos como los actuales sugieren que el crítico se distancie de la literatura «que se hace» y cree su lenguaje propio alrededor de las escasas —pero, en todo caso, interesantes— tentativas de renovación. Esta distanciación y ese lenguaje propio establecerán una relación *irónica* entre su obra y la de los «creadores» que hayan sabido escoger. La ironía, dice Barthes, no es otra cosa que una pregunta formulada al lenguaje por el lenguaje: «frente a la pobre ironía volteriana (...) podemos imaginar otra ironía que, a falta de una denominación mejor, llamaremos *barroca*, porque juega con las formas y no con los seres; porque dilata el lenguaje en vez de encogerlo. ¿Por qué se privaría de ella la crítica? Es quizá la única habla que le esté permitida, entretanto no esté bien establecido el estatuto de la ciencia y del lenguaje, lo que todavía hoy, parece ser el caso. La ironía, entonces, es lo que es dado de inmediato al crítico: no ver la verdad, según lo dicho por Kafka, sino serla...».[2]

1974

1. Walter Benjamin, *Discursos interrumpidos I*. Taurus Ediciones, Madrid, 1973.
2. Roland Barthes, *Critique et vérité*. Editions du Seuil, París, 1966.

ÍNDICE

INDICE

COLECCIÓN ARGUMENTOS

Giovanni Jervis
Manual crítico de psiquiatría

Roger Dadoun
Cien flores para Wilhelm Reich

Sigmund Freud
Escritos sobre la cocaína

Giorgio Colli
Después de Nietzsche

Emmon Bach
Teoría sintáctica

Pierre Raymond
La historia y las ciencias